Jürgen Heidig

Krisenherd Deutschland, – »Cum-Ex«-Steuerraub – und Bundeskanzler Olaf Scholz

+Dokumentation+

Jürgen Heidig

☆

Krisenherd Deutschland, – »Cum-Ex«-Steuerraub – und Bundeskanzler Olaf Scholz

+Dokumentation+

Juni 2023
Selbstverlag ☆ Jürgen Heidig
Hamburg

»Der wirtschaftskompetenteste Kanzler, den man kriegen kann, heißt aber Olaf Scholz [sic!].« [135]

Gliederung

1. Krisenherd Deutschland

Die Bundesrepublik Deutschland und ihre herrschende kapitalistische Klasse befinden sich seit Staatsgründung vor 74 Jahren in der »bewährten« Tradition altdeutscher Ausbeutergesellschaften, in einem Zustand der permanenten »Allgemeinen Krise« und von »zyklischen Krisen«. Markantestes Kennzeichen dafür: Exorbitanter Armut und Massenverelendung steht exzessiver Reichtum für wenige mit Steuerflucht, Steuerhinterziehung und Geldwäsche gegenüber. Das Geschehen rund um den »Cum-Ex« und »Cum-Cum«-Steuerraub nimmt in diesem Konglomerat seit rund 17 Jahren eine hervorstechende Rolle ein.

Während »Cum-Cum«-Geschäfte der kriminellen Steuerersparnis dienten, ging es bei »Cum-Ex« um Aktiendeals, »bei denen der Staat betrogen wurde, indem er einmalig gezahlte Steuern mehrmals erstattete«. »Cum-Ex« stellt sich als eine ausgeklügelte, extreme Form von Steuerhinterziehung dar. Dieses Verbrechen wird als der bisher größte Steuerraub in die deutsche Geschichtsschreibung eingehen. Beteiligt daran waren Vertreter staatlicher Verfassungsorgane, insbesondere des Bundestages und der Regierung, gewählte Funktionsträger bürgerlicher Parteien, Banken, ein Netzwerk von Aktienhändlern, Steuerberatern, Anwälten und Notaren. Die mit dem Betrug einhergehende Plünderung der vom deutschen Bürger stets gut gefüllten staatlichen Steuerkonten ist ein Paradebeispiel für den vom Monopol- und Finanzkapital direkt gesteuerten bundesdeutschen Staat.

Auf der Internetseite von »kredite.de« war noch im Dezember 2022 ein völlig wertungsfreier Beitrag vom 17. April 2020, quasi eine Anleitung zur Umsetzung von »Cum-Ex« zu lesen, so als gäbe es dafür keine Einstufung als monumentales Verbrechen. Zitat: »Die Cum-Ex-Geschäfte kommen im Aktienbereich zum Einsatz, wenn es um die Dividendenzahlung geht. In der Regel schütten die Unternehmen, die an der Börse notiert sind, einmal im Jahr die Dividenden an die vorhandenen Aktionäre aus. Dadurch werden sie am Gewinn beteiligt und erhalten sozusagen die Belohnung für ihr angelegtes Kapital. Dafür ist immer der Dividendenauszahlungstag der Stichtag. Jeder Anleger, der an diesem Stichtag eine Aktie von dem börsennotierten Unternehmen besitzt bekommt die Dividende auch ausgezahlt. Auf die Dividende muss der Anleger aber auch Kapitalertragssteuer an das Finanzamt zahlen. Zu den Dividenden bekommt jeder Anleger noch eine spezielle Bescheinigung ausgestellt, die immer von der Bank ausgestellt und ausgegeben wird. Diese Bescheinigung ist für die Beteiligten an den Cum-Ex-Geschäften besonders interessant. Die Bescheinigung macht es möglich, dass steuerliche Abzüge verrechnet werden können, die an anderer Stelle aufgetreten sind. Im Grunde werden bei den Cum-Ex-Geschäften Lücken genutzt. Die Aktien, die einen Anspruch auf Dividenden und ohne Anspruch sind werden unter den verschiedenen Beteiligten hin- und hergeschoben. Die Dividenden werden als ›Cum‹ und die ohne Anspruch als ›Ex‹ bezeichnet. Das Ziel der Cum-Ex-Geschäfte liegt darin vom Finanzamt mehrere Steuererstattungen zu be-

kommen. An dem Cum-Ex-Geschäft verdienen zahlreiche Personen von den Banken über Finanzberater, die Anwälte und auch die Notare.« [1]
Im engen Zusammenwirken von Kapitalmagnaten und deutschen Staatsorganen entstand mit dem Jahressteuergesetz 2007 die »perfekte« gesetzliche Grundlage für das dann folgende »Cum-Ex«-Verbrechen. Die Abhandlung des vorliegenden Buches belegt, dass das praktizierte Betrugsgeschehen nur auf der Grundlage der engen Verflechtung des bundesdeutschen Staates und seiner Verfassungsorgane mit dem herrschenden Monopol- und Finanzkapital möglich war. Diese folgenschwere, von der Hochbourgeoisie dominierte Allianz bestätigt nachhaltig die Erkenntnis von Karl Marx: »Das Kapital ist [...] keine persönliche, es ist eine gesellschaftliche Macht.« [2]
Für die von führenden Politikern der etablierten bürgerlichen Parteien hier und da bekundete empörte Verwunderung über das »Cum-Ex«-Geschehen bleibt deshalb kein Millimeter Raum. Wer in verantwortlicher staatlicher Position Gesetze erarbeiten und verabschieden lässt, sollte diese auch vorher lesen, prüfen und verstanden haben. Die heute lautstark proklamierte Rüge an den »Cum-Ex«-Verbrechen ist genau aus diesem Grund fadenscheinig und äußerst makaber. Darüber hinaus lässt diese die enge Verflechtung, das praktizierte kooperative Zusammenwirken Staat – Kapital, den direkt von Kapitalmagnaten formulierten Gesetzestext und damit das undemokratische Zustandekommen der rechtlichen Grundlagen für das kriminelle »Cum-Ex«-Geschehen völlig im Dunklen.

Juristisch ungeklärt ist bis heute: Hatte das Jahressteuergesetz 2007 *nur* eine durch Dilettantismus entstandene »profane Gesetzeslücke« oder wurde der Gesetzestext von den in die Erarbeitung des Gesetzes eingebundenen Kapitalvertreter *gezielt* auf das verbrecherische »Cum-Ex« getrimmt? Die unter Gliederungspunkt fünf aufgeführten Fakten untermauern und belegen letztere Annahme!
Olaf Scholz war von 2018 bis 2021 SPD-Bundesminister der Finanzen in der Merkel-Regierung. Er beansprucht für sich »schon immer« der Auffassung gewesen zu sein, dass »Cum-Ex«-Geschäfte »illegal« sind und kennzeichnete diese als »verachtenswert«, »frech und dreist«. So stellt sich die Frage, was Herr Scholz als Finanzminister und jetziger Bundeskanzler zur Aufklärung solcher kriminellen Sachverhalte rund um seine Person und in seinen Ministerien bis heute veranlasst und geleistet hat? Offensichtlich nichts!
Die vom Monopol- und Finanzkapital beherrschte Bundesrepublik Deutschland befindet sich mit einer solchen Staatspraxis im direkten Widerspruch zu den offiziell immer wieder salbungsvoll verkündeten sogenannten »westlichen Werten« des transatlantischen Staatenbündnisses, wie zum Beispiel von vermeintlicher Rechtsstaatlichkeit und Demokratie. Darum verwundert es nicht, dass sich Deutschland im steten Taumel zwischen den »regelmäßig« wiederkehrenden zyklischen Krisen bewegt. Der Zeitraum zwischen der internationalen Banken- und Wirtschaftskrise 2008/09 und der vor allem durch feindselige Embargos und Wirtschaftssanktionen, – einem Wirtschaftskrieg – Deutsch-

lands gegen Russland, hausgemachten Energie- und Wirtschaftskrise und Hyperinflation der Jahre 2022/23 sind Belege dafür. »Erfolgreich« gefüllt wurde die Zeit während der allgemeinen chronischen Dauerkrise und zwischen den zyklischen Krisen mit dem »Cum-Ex«-Geschehen, Steuerflucht und Geldwäsche im großen Stil.

»Krisen sind immer nur momentane gewaltsame Lösungen der vorhandenen Widersprüche, gewaltsame Eruptionen, die das gestörte Gleichgewicht für den Augenblick wiederherstellen. [...] Die periodische Entwertung des vorhandenen Kapitals, die ein der kapitalistischen Produktionsweise immanentes Mittel ist, den Fall der Profitrate aufzuhalten und die Akkumulation von Kapitalwert durch Bildung von Neukapital zu beschleunigen, stört die gegebnen Verhältnisse [...] und ist daher begleitet von plötzlichen Stockungen und Krisen des Produktionsprozesses [...] Die *wahre Schranke* der kapitalistischen Produktion ist *das Kapital selbst*, ist dies: daß das Kapital und seine Selbstverwertung als Ausgangspunkt und Endpunkt, als Motiv und Zweck der Produktion erscheint; daß die Produktion nur Produktion für das *Kapital* ist und nicht umgekehrt die Produktionsmittel bloße Mittel für eine stets sich erweiternde Gestaltung des Lebensprozesses für die *Gesellschaft* der Produzenten sind [sic!].« [3]

In diesem Sinne stolpert der kapitalistische deutsche Staat bei den vergeblichen Versuchen der Krisenbewältigung, mal mehr, mal weniger, stetig zwischen den ihm systemimmanenten vier Phasen der zyklischen Krise: Expansion, Boom, Rezession und Depression vor sich hin. Nichts kann diesen Krisen-

verlauf unter den herrschenden kapitalistischen Produktionsverhältnissen aufhalten.
Karl Marx zeigte 1894 im »Das Kapital« auf, dass die Entwicklung der Produktivkräfte eine Metamorphose der kapitalistischen Eigentumsverhältnisse bedingt. Die Wandlung vollzieht sich durch Trennung von Kapitalfunktion und Kapitaleigentum, – die Bildung von Aktiengesellschaften. »Es ist dies die Aufhebung der kapitalistischen Produktionsweise innerhalb der kapitalistischen Produktionsweise selbst und daher ein sich selbst aufhebender Widerspruch [...] Er stellt in gewissen Sphären das Monopol her und fordert daher die Staatseinmischung heraus. Er reproduziert eine neue Finanzaristokratie, eine neue Sorte Parasiten in Gestalt von Projektenmachern, Gründern und bloß nominellen Direktoren; ein ganzes System des Schwindels und Betrugs mit Bezug auf Gründungen, Aktienausgabe und Aktienhandel. Es ist Privatproduktion ohne die Kontrolle des Privateigentums [sic!].« [4]
Seit der Marx'schen Bewertung der Krisen des Kapitalismus vor 129 Jahren spitzte sich der Konzentrationsprozess des Kapitals weiter drastisch zu. Deren Macht vereint sich heute in den Händen weniger Magnaten, die global agieren. »Für letztere Prozesse steht wie kein anderes Unternehmen der US-amerikanische Finanzkonzern Blackrock. Diese erst 1988 gegründete Investmentgesellschaft verwaltet mehr als zehn Billionen US-Dollar, die ihr nicht gehören und die sie im Auftrag ihrer Kunden, von Banken, Pensionskassen, Privatanlegern, Versicherungen aus aller Welt verwertet. Dieses Geld ist weltweit in mehreren tausend Unternehmen ange-

legt, darunter bei fast allen 40 im deutschen Dax notierten Konzernen. Dort, wo die Anteile groß genug sind, oft reichen dazu schon fünf Prozent, bestimmt Blackrock als größter Einzelanleger die Unternehmensstrategie maßgeblich mit. Blackrock selbst gehört wiederum einer Vielzahl von Anlegern, darunter auch ausländischen Staatsfonds und Finanzunternehmen wie Vanguard Group im US-Bundesstaat Delaware, der als Steueroase bekannt ist. Die Verschachtelung des Eigentums an der gigantischen Summe von zehn Billionen und des Eigenkapitals, das 170 Milliarden US-Dollar und damit nicht einmal zwei Prozent des verwalteten Gesamtvermögens beträgt, führt zu einer Art Anonymisierung.« [5]

Die zyklischen Krisen des Kapitalismus werden zunehmend geprägt von der genannten stetig wirkenden allgemeinen ökonomischen und politischen Krise des Kapitalismus. Der »traditionelle« Krisenzyklus wird dadurch stark beeinflusst, denn die »Allgemeinen Krise« wirkt in allen vier Phasen des Krisenzyklus. Dabei handelt es sich u. a. insbesondere um Struktur- und Währungskrisen, Inflation, Massenarbeitslosigkeit, Armutskrise, Flüchtlingskrise, Klimakrise, die drohende Nahrungsmittelkrise und den vergeblichen Versuch ihrer staatsmonopolistischen Regulierung. Im Ergebnis der 2022/23 herrschenden schweren Energie- und Wirtschaftskrise mit einer Superinflation sowie des daraus resultierenden drastischen Rückgangs der Reallöhne im 4. Quartal 2022 um *5,4* Prozent wurde das Ausmaß der finanziellen Belastung für den einzelnen Bürger in Deutschland deutlich. Es handelt sich um den stärksten Kaufkraftverlust seit Beginn der Statistik im Jahr 2008. Im Oktober 2022 erreichte die Inflationsrate und damit die Verbraucherpreise mit +10,4 Prozent (siehe Pressemitteilung »destatis« Nr. 022 vom 17. Januar 2023) den höchsten Wert seit der BRD-Gründung 1949.

Beispiele für das Explodieren der Verbraucherpreise: Sonnenblumenöl, Rapsöl +63,9 %,
Butter +39,1 %, Fleisch und Fleischwaren +14,6 %, Brot und Getreideerzeugnisse +13,5 %, Haushaltsenergie +39,1 %, Dieselkraftstoff +39,6 %, und Su-

perkraftstoff +21,8 %. Die relevante hauptsächliche Ursache für die hyperinflationäre Preisentwicklung

und damit die soziale Kälte in Deutschland setzte die seit 2021 amtierende Bundesregierung unter

SPD-Kanzler Scholz.
Zur Erinnerung, Olaf Scholz war:
☞von Oktober 2002 bis März 2004 unter dem Parteivorsitzenden Gerhard Schröder Generalsekretär der SPD und damit ein offensiver Mitstreiter, Organisator und Gestalter der Beschlüsse zur »Agenda 2010« und der darauf basierenden unsozialen »Hartz IV Reformen«,
☞von 2007 - 2009 Bundesminister für Arbeit und Soziales,
☞von 2011 bis 2018 Erster Bürgermeister der Freien und Hansestadt Hamburg und
☞von 2018 bis 2021 Bundesminister der Finanzen in der CDU-Merkel-Regierung.
Olaf Scholz behauptete *vor* der Bundestagswahl am 26. September 2021 von sich der *»wirtschaftskompetenteste Kanzler, den man kriegen kann, heißt aber Olaf Scholz* [sic!]«(*Zitat: Quelle 135*). Es war dieser nunmehrige Bundeskanzler, der 2022 die relevante hauptsächliche Ursache für die einsetzende hyperinflationäre Preisentwicklung in Deutschland setzte. Der über Jahrzehnte solide Vertragspartner und Hauptlieferant von preiswertem Öl und Gas nach Deutschland war Russland. Diese Lieferverträge wurden 2022 mit der geschichtsvergessenen Begründung des Krieges Russlands in der Ukraine von Deutschland *einseitig* aufgekündigt, ohne auf äquivalente und kostengünstige Energielieferanten zurückgreifen zu können. An die Stelle wirtschaftlicher Vernunft und Zusammenarbeit trat eine überhebliche, kriegslüsterne, US-hörige Politik von immer neuen Sanktionen und Embargos gegen Russland – zulasten der deutschen Bürger und des Wirt-

schaftsstandortes Deutschland. Offensichtlich hat der amtierende »wirtschaftskompetenteste Kanzler, den man kriegen kann«, bis heute noch nicht bemerkt, dass die Aufkündigung der Verträge zur Rohöl- und Gaslieferung und das Wirtschaftsembargo gegen Russland nicht diesem ehemaligen russischen Öl- und Gaslieferanten, nicht den USA, nicht Frankreich und auch nicht den anderen verbündeten NATO-Staaten schadet, – sondern ausschließlich Deutschland. Mit dieser Politik wurde der BRD der bisher wichtigste Standortvorteil genommen. Dieser spiegelte sich einst in der Aussage »Exportweltmeister Deutschland« wider. Das dürfte sich nicht nur für die Masse mittelständischer Unternehmen erledigt haben. Teure Energie bedeutet *dauerhaft* höhere Preise für die Bürger-Haushalte, die Wirtschaft und das Ende dieses Wirtschaftsvorteils. Dagegen gehören die USA zu den absoluten Gewinnern des Energiekrieges gegen Russland. Einen Teil des in Deutschland entstandenen Defizits an Gas und Rohöl liefern diese jetzt – allerdings zu deutlich höheren Preisen. Diese *verdreifachten* sich 2022/23.

Die USA hingegen haben ihr Ziel, die Verdrängung Russlands vom deutschen Markt erreicht!

»OXFAM Deutschland« prangerte am 16. Januar 2023 die sich daraus dramatisch verschärfende soziale Katastrophe an. In ihrem Papier »UMSteuern für soziale Gerechtigkeit!«, stellte die Organisation fest: »Die multiplen Krisen unserer Zeit haben verheerende Konsequenzen für die Mehrheit der Menschheit. Hunderte Millionen Menschen sehen sich mit einem dramatischen Anstieg der Kosten für

Güter des täglichen Bedarfs konfrontiert und sind von Armut und Hunger bedroht. [...] Gleichzeitig bringen die Krisen auch einige wenige Gewinner*innen hervor. Konzerne machen Rekordgewinne und die reichsten Menschen werden noch reicher, was zu einer Explosion der sozialen Ungleichheit führt, die immer extremere Ausmaße annimmt. Soziale Ungleichheit ist eine existenzielle Bedrohung für unsere Gesellschaften. Sie verstärkt die Armut, untergräbt die Demokratie, vertieft geschlechtsspezifische und rassistische Benachteiligungen und trägt maßgeblich dazu bei, dass die Klimakrise sich zur Klimakatastrophe ausweitet.

Die tieferen Ursachen dieser sich verschärfenden Ungleichheit liegen in unserem Wirtschaftssystem, dessen handlungsleitendes Prinzip es ist, Profite für Konzerne und ihre Eigentümer*innen vor die konsequente Einhaltung der Menschenrechte und den Schutz der Erde zu stellen.

Die multiplen Krisen verstärken dieses Prinzip tendenziell und die meisten Regierungen ergreifen seit Langem und auch jetzt keine wirkungsvollen Maßnahmen, um mit ihm zu brechen.

Viele Regierungsentscheidungen haben eine Verschärfung der Ungleichheit sogar begünstigt. So wurden beispielsweise Steuern für reiche Privatpersonen und Unternehmen immer weiter gesenkt oder zugelassen, dass die Billionensummen, die zur Krisenbewältigung in die Volkswirtschaften gepumpt wurden, zu einem großen Teil den Reichsten zugutekamen.« [6]

Während also 2022/23 mehr als *3,5* Millionen Rentner in Deutschland in Altersarmut lebten, die

Verbraucherpreise für die deutschen Bürger ins Unermessliche stiegen, der Hunger grassierte und viele Wohnungen im Winter kalt blieben, wurde erneut offensichtlich, wem die aktuelle Krise nutzt. Bereits am Ende des 3. Quartals 2022 erreichten die Gewinne der großen Öl- und Gasmagnaten Rekordwerte.

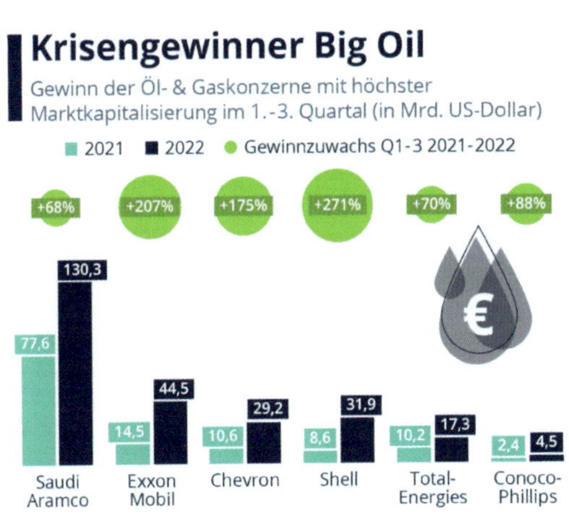

Eines der weltweit größten Mineralöl- und Erdgasunternehmen, Shell, verzeichnete zu diesem Zeitpunkt gegenüber 2021 einen Gewinnzuwachs *um 271* Prozent.

Das deutsche »Handelsblatt« stellte am 30. November 2022 fest: »Trotz der geopolitischen und wirtschaftlichen Krisen werden die 40 Dax-Konzerne im nächsten Frühjahr vermutlich knapp 54 Milliarden Euro an ihre Aktionäre überweisen – so viel wie noch nie. Das sind noch einmal sechs Prozent mehr als in diesem Jahr, wie die Handelsblatt-Prognose ergibt.« [7]
Auch das »Cum-Ex«-Geschehen förderte im großen Stil die in immer kürzeren Zeitabständen stattfindenden Krisenprozesse in Deutschland und die weltweite »Allgemeine Krise« des kapitalistischen Wirtschafts- und Gesellschaftssystems. Die im Folgenden dokumentierten Aktivitäten rund um den »Cum-Ex«-Steuerraub bilden den Kern der Abhandlung dieses Buches. Aber der »normale«, mehr oder weniger ständige gravierende Steuerbetrug durch international agierende deutsche und multinationale Unternehmen über das »Cum-Ex«-Geschehen hinaus durch Steuerflucht, Vermeidung der Körperschaftssteuer und Geldwäsche gehört selbstverständlich in das Bild der möglichen und praktizierten kriminellen Handlungen von Kapitalmagnaten. Deren »mühsam« zusammengerafftes Geld aus Monopolgewinnen soll keinen »Schaden« erleiden und wird deshalb zum Beispiel auf die britische Insel Jersey, in die Schweiz, nach Luxemburg und in viele andere Steueroasen der Welt verschoben. Der geschätzte Anteil der dadurch verlorenen Körperschaftssteuer des deutschen Staates belief sich 2017 auf 26 Prozent (Statista). Nach Angaben des deutschen Finanzministeriums »parkten« im Jahre 2018 hiesige Konzerne und Superreiche

»591,3 Milliarden« Euro in solchen Steuerschlupflöchern. Da es in Deutschland de facto keine Besteuerung von Reichtum gibt, ihrer vom Kapital dirigierten Regierung sei Dank, tragen diese Bourgeois auch nichts zur Linderung der von ihnen verursachten Armut und zur Entwicklung kommunaler Infrastruktur in Deutschland bei.

2. Internationale Banken- und Wirtschaftskrise 2008/09 und das Geschäftsgebaren der landeseigenen norddeutschen Pleitebank »HSH Nordbank AG«

Blicken wir in die 74-jährige bundesdeutsche Geschichte zurück. Das typische Kennzeichen einer monopolistischen kapitalistischen Gesellschaft war und ist die stetig praktizierte Haftung der steuerzahlenden Bürger für die Auswirkungen von Krisen und jeglichem kapitalistischen Missmanagement von Banken, Großkonzernen und ganzen Staaten. Das heißt, kommt ein weltweit agierender Konzern oder eine Bank, vom blinden Profitstreben getrieben, in eine Schieflage, hatte und hat das bis heute meist direkte existenzielle Auswirkungen auf den steuerzahlenden Bürger. Wie bereits festgestellt, verfügt das herrschende Monopol- und Finanzkapital über eine solche Konzentration, Marktmacht und Verflechtung mit *ihrem* Staat, dass sowohl deren Pleite als auch ihre Rettung die Bürger des Landes und ganzer Staatenbündnisse in Mitleidenschaft zieht. Um den Bankrott derartiger Kapitalgiganten zu verhindern, wurde und wird durch den kapitalgesteuerten Staat *alles* für deren Rettung getan. Das ist Ausdruck des puren staatsmonopolisti-

schen Kapitalismus. Wie selbstverständlich geht der bürgerliche Staat bis heute davon aus, dass zum Beispiel auch das kapitalistische Unternehmen Bank durch den Staat, das heißt die steuerzahlenden Bürger, gerettet werden muss. Die Zeche zahlt immer das Volk, vor allem das von Lohn und Gehalt abhängige Proletariat. Die Pleite-Schulden der vakanten Kapitalgiganten werden stets vergesellschaftet, deren vereinnahmten Gewinne verbleiben hingegen unbeschadet bei den Kapitaleignern. So stellt sich seit jeher eine einfache Frage: Warum wurden und werden die Kapitalmagnaten, die Eigentümer der zahlungsunfähigen Banken und Wirtschaftsunternehmen für ihr Versagen und ihre Fehlinvestition nicht mit ihren bisher aus den Geschäften erzielten horrenden Vermögen in volle hundertprozentige Haftung genommen? Weil es um die »goldene Kuh« des Kapitalismus geht, – die Sicherung des Profits um jeden Preis und in jeder Lage.
Beispielgebend dafür ist das WATERLOO der Bankenpleiten des Jahres 2008. Alles begann 2007 mit dem Platzen der Immobilienblase als Immobilienkrise in den USA und gipfelte im totalen Kollaps ganzer Staaten. Die vom Steuerzahler zu tragenden gewaltigen Ausfallsummen der grassierenden internationalen Bankenkrise werden am Beispiel von nur fünfzehn Tagen des Monats September 2008 deutlich.
☞**15. September 2008:** Die »Investmentbank Lehman Brothers« meldet Konkurs an. Die ebenfalls angeschlagene »Merrill Lynch Bank« mit 613 Mrd. US-Dollar Schulden wird an die »Bank of Amerika« für 50 Mrd. US-Dollar in Aktien verkauft.

☞**18. September 2008:** Notfusion der britischen »HBOS-Bank« mit der »Lloyds TSB«. Der Kaufpreis dafür 15,4 Milliarden Euro.
Die US-Notenbank »Fed« pumpt 420 Milliarden Dollar in die Finanzmärkte.

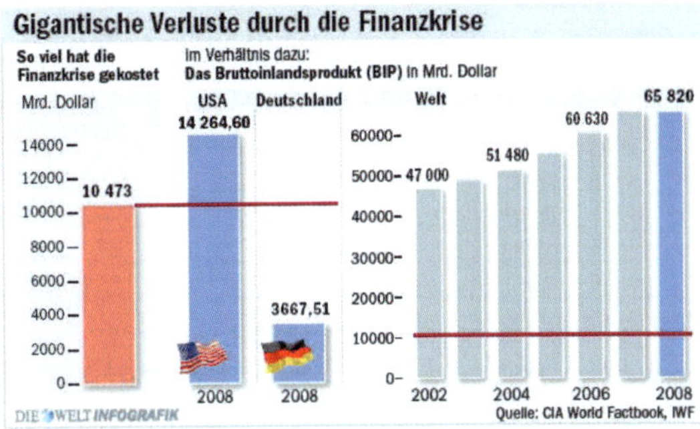

☞**19. September 2008:** Der US-Kongress beschließt 700 Milliarden Dollar Rettungsplan, um angeschlagenen Banken faule Kredite abzukaufen.
☞**28. September 2008:** Der Finanzkonzern »Fortis« wird durch die Regierungen der Niederlande, Belgiens und Luxemburgs mit insgesamt 11,2 Milliarden Euro gerettet.
☞**29. September 2008:** Die deutsche Bundesregierung stellt dem Münchner Immobilienfinanzierer »Hypo Real Estate« (HRE) Kredite und Bürgschaften von insgesamt 35 Milliarden Euro bereit. Großbritannien verstaatlicht die »Hypothekenbank Bradford & Bingley«. Dafür mussten die Steuerzahler Hypotheken und Kredite in Höhe von 63 Milliarden Euro berappen.

☞**30. September 2008:** Dem Immobilienfinanzierer »Dexia« stellen die Staaten Belgien, Frankreich und Luxemburg eine Kapitalerhöhung von 6,4 Milliarden Euro bereit.
Am Ende des Chaos standen das weltweite finanzielle und wirtschaftliche Desaster und der Staatsbankrott von Griechenland, Portugal, Irland, Italien, Spanien und Zypern.
Schon während dieser massiven Banken- und Wirtschaftskrise nahmen die kriminellen »Cum-Ex«-Machenschaften Fahrt auf. Vier Jahre später, 2012, lag der dadurch verursachte Schaden in Deutschland bereits bei etwa zehn Milliarden Euro.
Ein konkretes, typisches deutsches Beispiel für die Haftung der steuerzahlenden Bürger für das finanzielle Desaster durch das Versagen von Staat und Kapital war die norddeutsche Pleitebank »HSH Nordbank AG«, die in direkter Verantwortung und Regie zweier Bundesländer agierte. »HSH Nordbank AG« stand für Hamburgisch-Schleswig-Holsteinische Nordbank Aktiengesellschaft. Hauptsitze der Bank waren Hamburg und Kiel. Diese Bank entstand am 2. Juni 2003 durch die Zusammenführung der Hamburgischen Landesbank und der Landesbank Schleswig-Holstein. Nach ihrer Gründung im Jahr 2003 gehörte die »HSH Nordbank AG« zu 35 Prozent Hamburg, zu 20 Prozent Schleswig-Holstein, zu 18 Prozent den Sparkassen in Schleswig-Holstein und zu 27 Prozent der »WestLB«.
Kerngeschäft dieser Bank waren Schiffskredite.
»Größter Schiffsfinanzierer der Welt« war das selbst gewählte Aushängeschild der »HSH Nordbank AG«.

Am 24. Februar 2009, auf dem Höhepunkt der internationalen Banken- und Wirtschaftskrise, beschlossen die Landesregierungen in Hamburg und in Schleswig-Holstein ein gemeinsames Rettungspaket für die »HSH Nordbank AG«. Sie pumpten drei Milliarden Euro Steuergeld und eine »Zweitverlust-Risikoabschirmung« in Höhe von zehn Milliarden Euro in ihre Pleitebank. Am 31. März 2009 erstattete der Hamburger Rechtsanwalt Gerhard Strate beim leitenden Oberstaatsanwalt des Landgerichtes Hamburg »Strafanzeige gegen Verantwortliche der HSH Nordbank AG [...] wegen Verdachts der Untreue in einem besonders schweren Fall in nicht verjährter Zeit (zwischen 2004 und 2008); ebenso [...] gegen die in den Jahren 2004 - 2007 tätig gewesenen Abschlussprüfer der HSH Nordbank AG wegen Beihilfe zur Untreue in einem besonders schweren Fall.« [8]

Einen eher zaghaften Versuch kritischer Aufarbeitung für die späte Kapital-konforme Abwicklung der Pleitebank »HSH Nordbank AG« lieferte die Sendung »Panorama« der ARD am 11. Mai 2017. Es folgt ein Auszug aus dieser Sendung.

»Schrott sieht anders aus. Dieses Containerschiff hat einen beheizten Indoorpool, in dem sich die Mannschaft entspannen kann. Brücke, Maschinenraum, Elektronik: alles bestens gewartet.

Der Frachter wurde mit einem modernen Treibstoffsparmodus nachgerüstet. Er kann sich einen Weg durchs Eis bahnen. Und doch, sagt Reeder Jörg Köpping, liege der Wert des Schiffs nur knapp über dem Schrottpreis. Drei bis vier Millionen US-Dollar bekäme man jetzt dafür, wenn man es verkaufte. Vor zehn Jahren erwarb Köpping die 2001 in Südkorea gebaute ›Lantau Arrow‹ für 27 Millionen US-Dollar. Das war kurz vor dem Zusammenbruch des internationalen Schiffsmarkts. [...] Den größten Anteil an der Finanzierung lieferte die HSH Nordbank, mit einem Kredit in Höhe von 15 Millionen Dollar. Zurückgezahlt hat Köpping davon noch keinen Cent. ›Tilgen ist nicht möglich‹, sagt er. ›Wir decken gerade mal so die Betriebskosten und können die Zinsen bedienen. Mehr ist nicht drin.‹ [...] Seit kurzem hat Jörg Köpping nicht mehr die Hoheit über das Schiff. Es wurde faktisch von den Ländern Hamburg und Schleswig-Holstein übernommen. Das habe man ihm in einer Email mitgeteilt. Die ›Lantau Arrow‹ ist also eines jener 250 Pleiteschiffe, die die Nordländer in eine Abwicklungsgesellschaft, die sogenannte HSH Portfoliomanagement, überführt haben. [...] Die Regierenden in Hamburg und Kiel hüten die Identität dieser Flotte wie ein Staatsgeheimnis. Nicht einmal die Abgeordneten dürfen die Namen der Schiffe erfahren, geschweige denn die Werte, mit denen sie in der Bilanz verbucht sind. Nicht wenige Experten meinen, diese Geheimhaltung sei mit der Parlamentshoheit über die Haushalte in der Demokratie nicht vereinbar.

Reeder Jörg Köpping glaubt, dass die Steuerzahler für die Verluste aufkommen werden müssen. Spräche man im Detail über die Liste, erführe die Öffentlichkeit, dass die 2,4 Milliarden, die die 250 Schiffe angeblich noch wert sein sollen, zu optimistisch kalkuliert sind und der Wert deutlich nach unten korrigiert werden müsste. [...] Die ›Lantau Arrow‹ und

die Abwicklungsgesellschaft öffentlichen Rechts stehen zwar für das Desaster der HSH Nordbank.
Doch innerhalb der HSH Nordbank befindet sich eine zweite Badbank, in der faule Kredite für rund sechshundert weitere Schiffe liegen.
Nach Recherchen von Panorama klopfen zur Zeit Finanzinvestoren bei den Landesbankern an, um für diese Schrottschiffe zu bieten. 30 Prozent vom Wert der ungetilgten Kredite wolle ein ausländischer Kaufinteressent zahlen. [...] Selbst die Landesregierungen in Hamburg und Schleswig-Holstein gehen mittlerweile von einem möglichen Totalverlust in Höhe von 16 Milliarden Euro aus. [...] ›Die Nerven liegen blank in der Bank und in den Regierungszentralen‹, berichtet eine Insiderin. [...] Derweil verhandelt die Staatsbank mit den Kreditnehmern hinter den Kulissen über Schuldenschnitte und Restrukturierungen. Seit dem Fall des Finanzjongleurs und nebenberuflichen Reeders Bernd Kortüm (dieser saß von 2004 bis 2015 im Banken-Beirat der »HSH Nordbank«, J.H.), vom Herbst ist der Druck auf die Landesregierungen noch einmal gestiegen. Dass dem Hamburger Unternehmer 547 Millionen Euro Schulden (von der »HSH Nordbank«, J.H.) erlassen wurden, empfanden viele als unnötige Rücksichtnahme. Kurz darauf erwarb Kortüm eine Yacht (für 8,75 Mio. Euro, J.H.) und nannte das ›ein Schnäppchen‹. Der Reeder will sich zum Schuldenerlass nicht äußern. [...] Keine Rücksicht scheint die HSH Nordbank hingegen für kleinere Reeder zu kennen, die ihre Schiffe vergleichsweise solide finanziert haben, nicht nur mit Bankdarlehen, sondern auch mit Eigenkapital. Reederin Birte

Schmalfeld berichtet vom Besuch eines HSH-Vertreters in ihrem Büro in Hörsten unweit des Nord-Ostsee-Kanals. [...] Der Mann aus der Shipping-Abteilung habe ihr mitgeteilt, die Bank werde den Kreditvertrag für das Containerschiff Agila nicht verlängern. Durch den Verkauf habe sie den ausstehenden Kredit von 2,8 Millionen Euro komplett zurückzahlen können. Die 1,2 Millionen Euro Eigenkapital habe ihr Familienbetrieb hingegen verloren. ›Die Kleinen werden gegen die Wand gefahren, die Großen werden geschont‹, meint Reederin Schmalfeld bitter. Mit dem Vorwurf konfrontiert, teilt die HSH mit, sie handele stets ›zum Wohl der Bank‹. Die staatliche Bank habe mit ihrer völlig enthemmten Kreditvergabepolitik bis 2008 den Schiffsmarkt nachhaltig kaputt gemacht, meint Birte Schmalfeld. [...] Der frühere HSH-Vorstand für Schiffsfinanzierungen Peter Rieck, der die Schiffskredite einem früheren Bank-Manager zufolge ›nach Gutsherrenart‹ vergab, verdient heute gut an der überflüssigen Tonnage, die auf den Weltmeeren dümpelt.
[...] ›Größter Schiffsfinanzierer der Welt‹ war das Etikett, das die HSH Nordbank sich vor knapp 15 Jahren in stolzer Selbstgewissheit zulegte. Heute kommt der Claim Marktteilnehmern und Beobachtern nur noch mit sarkastischem Unterton über die Lippen. Das versenkte Geld wird den Bürgern von Hamburg und Schleswig-Holstein für den Wohnungsbau, Kindertagesstätten und viele andere dringende Bedürfnisse fehlen.« [9]
Dreizehn Jahre nach der internationalen Banken- und Wirtschaftskrise 2008/09, also bereits in der beginnenden nächsten großen Krise, bestätigte sich

diese Prognose. Am 22. Februar 2022, verkündet der NDR: »Hamburg und Schleswig-Holstein werden einen großen Teil der Altlasten der ehemaligen HSH Nordbank los. Die Bad Bank für faule Schiffskredite, die HSH Portfoliomanagement, hat 56 Schiffe als Paket an eine US-Bank und einen Investmentfonds verkauft. [...] Dennoch bleiben Hamburg und Schleswig-Holstein zusammen auf mehr als neun Milliarden Euro Schulden sitzen. [...] Beide Länder hatten die Bank wiederholt mit Milliardenaufwand vor dem Konkurs gerettet und sie dann 2018 auf EU-Anweisung verlustreich an eine amerikanische Investorengruppe verkauft.« [10]
Abgesehen von der »frohen Kunde« für die Steuerzahler legt dieses Beispiel offen, dass heute wie jeher selbst »faule Schiffskredite«, also Schulden, als Kapitalanlage-Fonds wieder auf dem Finanzmarkt erscheinen und wie stets profitabel vermarktet werden. Mit der Abwicklung der »HSH Nordbank AG« und dem Verkauf von Schulden an die Yankees wurde ein »neuer« Baustein für eine substanzlose Finanzblase und damit das Fundament für kommende Finanzkrisen geschaffen.
Bereits im März 2023 trat diese »Vorsehung« ein. Wieder waren zwei US-Banken die Vorreiter der nächsten Bankenpleiten. Am 13. März 2023 traf es die »Silicon Valley Bank« und die »Signature Bank« in New York, – die »natürlich« Soforthilfe des US-Staates erhielten.
Am 16. März 2023 schwappte das Krisen-Geschehen bereits auf Europa über. Die in not geratene Großbank »Credit Suisse« erhielt in einer Nachtaktion durch die schweizerische Nationalbank Sofort-

hilfe in Höhe von 50 Milliarden Franken. Das waren fast 10 Prozent der Bilanzsumme der »Credit Suisse« und mehr als deren Eigenkapital in Höhe von 45 Milliarden Franken.

3. »Der gekaufte Staat, wie Konzernvertreter in deutschen Ministerien sich ihre Gesetze selbst schreiben«

Die makabre Geschichte des deutschen staatsmonopolistischen Kapitalismus legt dessen herrschendes verkorkstes Demokratieverständnis offen. In ihrem 2009 erschienenen Buch »Der gekaufte Staat, wie Konzernvertreter in deutschen Ministerien sich ihre Gesetze selbst schreiben«, verdeutlichten Sascha Adamek und Kim Otto das Grundproblem. »In den fünfziger und sechziger Jahren ging die Gefährdung (der Demokratie) vor allem von autoritären Politikern aus, die – trotz aller demokratischen Regularien – den Staat mehr oder weniger als ihre Manövriermasse betrachteten. [...] Schon damals (begannen) die aus dem Trümmerhaufen des Nationalsozialismus auferstandenen deutschen Großkonzerne damit, massiven Einfluss auf den [...] Staat zu nehmen.« [11]

Das Monopol- und Finanzkapital umschlingt und durchdringt wie ein Krebsgeschwür die bürgerlich-demokratischen Institutionen Deutschlands. Damit ist selbst der mittels der bürgerlichen Parteiendemokratie bereits personell von der Kapitalherrschaft geprägte Deutsche Bundestag als dem höchsten von den Bürgern direkt gewählten Gremium zu einem »schönen« Aushängeschild verkommen. Vertreter der absolut größten Bevölkerungsgruppe, das Proletariat, die Arbeiterklasse, einfache Arbeiter und Angestellte wird man dort vergeblich suchen. Neben den als Abgeordnete im Bundesparlament direkt installierten politischen Abgesandten des herrschenden Kapitals hat sich seit Jahrzehnten eine weitere Macht sichernde profane Methode breitgemacht.

Roger de Weck schrieb 2009 in seinem Buch »Nach der Krise«: »Oft kaufen sich die Marktmächtigen die Politik, die sie brauchen. Sie finanzieren Parteien und Volksvertreter, welche dann im Wesentlichen jene Marktordnung durchsetzen, die ihren Auftrag- und Geldgebern ins Konzept passt.« [12] Mit einem solchen korrupten Handel sind selbst staatstragende Entscheidungen des Deutschen Bundestages kaum noch demokratisch legitimiert, sondern schlichtweg gekauft. Die realen Interessen der Wähler und selbst politische Mehrheitsverhältnisse von Parteien sind dadurch im höchsten bundesdeutschen Parlament irrelevant. So entstand in den zurückliegenden 74 Jahren zunehmend eine inhaltslose Hülle des obersten Entscheidungsgremiums. Einerseits ist die Mehrheit des Volkes, das Proletariat im Bundestag nicht adäquat, – also gar nicht vertreten. Andererseits nehmen die vom Volk im Rahmen der Parteiendemokratie gewählten Abgeordneten oft nicht Gemeinwohl-Interessen, sondern bezahlte Kapitalinteressen wahr. Der Einfluss der Wähler auf die Politik durch die Stimmabgabe am Wahltag wird so zu einem formalen, zunehmend ihres Inhalts beraubten Ereignis zu einem Klamauk für das geblendete »Fußvolk«. »Mehr als 16,3 Millionen Euro haben Konzerne, Lobbyverbände und vermögende Privatpersonen im Jahr 2020 allein durch Parteispenden in die Politik gepumpt [...]. Erst jetzt (Juni 2022) – eineinhalb Jahre später – hat die zuständige Bundestagsverwaltung die Rechenschaftsberichte von CDU, CSU, SPD, Grünen und AfD für das Jahr 2020 veröffentlicht. [...] Großunternehmen wie Allianz, Deutsche Vermögensberatung oder der Tabakkonzern Philip Morris haben den Parteien Zigtausende in die Kassen gespült. Die naheliegende Frage nach möglichen politischen Gegenleistungen lässt sich auch durch die eineinhalbjährige Transparenzverzögerung der Parteispenden nur noch schwer beantworten – auch käme jedwede gesellschaftliche Kritik wohl zu spät. [...] Weil Parteispenden erst ab 50.000 Euro sofort veröffentlichungspflichtig sind, werden Lobbyzahlungen immer wieder gezielt gestückelt. So bleibt die Öffentlichkeit über die Einflussversuche jahrelang im Dunkeln. Die horrenden Lobbyzahlungen und deren systematische Stückelung bleiben nach geltendem Recht unterdessen vollkommen legal. Besonders CDU, CSU und FDP haben sich wiederholt gegen eine Deckelung von Parteispenden ausgesprochen – in anderen europäischen Ländern gibt es dafür längst Obergrenzen.« [13] Der bösartige Tumor des Lobbyismus ermöglicht es den marktmächtigen Konzernen und der Finanzoligarchie, ihre Sonderinteressen gegen die Interessen der großen Mehrheit des Volkes zur Sicherung maximaler Profite durchzusetzen und sich gleichzeitig ihrer Verantwortung für die Gesellschaft zu entziehen. Der Lobbyismus führt zu einer drastischen, undemokratischen Beeinflussung von Entscheidungen der fünf ständigen

Verfassungsorgane des bundesdeutschen Staates, insbesondere des Bundestages, des Bundesrates und der Regierung.
2021, im Jahr des anstehenden Bundestagswahlkampfes, erhielt allein die CDU fast genauso viel Geld von Unternehmen, Verbänden, anderen Organisationen und juristische Personen wie die übrigen Bundestagsparteien zusammen.
»Von den 29,9 Mio. Euro Spendenaufkommen aus der Wirtschaft bekamen die Christdemokraten 14,8 Mio. Euro, der Rest verteilte sich auf die übrigen Bundestagsparteien.«

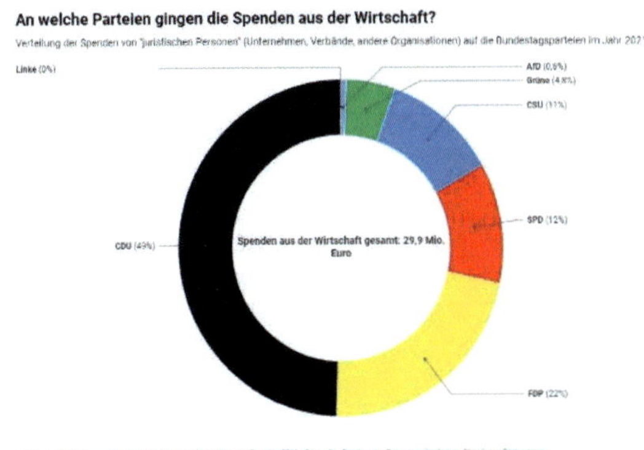

Screenshot. Quelle: www.abgeordnetenwatch.de/recherchen/parteispenden/listen-veroeffentlicht-diese-konzerne-fuellten-die-wahlkampf-kassen-der-parteien?pk_campaign=nl20230507. Newsletter vom 21. April 2023.

Immer weniger, dafür immer mächtigere Kapitalgiganten und Superreiche bestimmen die Politik im

Lande. Diese Praxis steht im diametralen Widerspruch zu Artikel 38 (1) des deutschen Grundgesetzes, der festlegt: »Die Abgeordneten des Deutschen Bundestages [...] sind Vertreter des ganzen Volkes«. Als »Vertreter des ganzen Volkes« haben die vom deutschen Volk gewählten Bundestagsabgeordneten ausschließlich im Interesse ihrer Wähler zu handeln und dementsprechende Beschlüsse zu fassen. Die deutsche Staatspraxis widerspricht auch der Festlegung des Artikels 20 (1) des deutschen GG. Hier wird die BRD als »ein demokratischer und sozialer Bundesstaat« charakterisiert und in Artikel 20 (2) wird fixiert: »Alle Staatsgewalt geht vom Volke aus.« Die Bürger des Landes, vor allem die vom Verkauf ihrer Arbeitskraft lebenden Proletarier, könnten Stolz auf eine solch herausragende Stellung der Demokratie im Lande sein, wenn es nicht den geschilderten »kleinen« Haken gäbe. Also weder die Verkündung, die BRD sei »ein demokratischer und sozialer Bundesstaat« noch »alle Staatsgewalt geht vom Volke aus« spiegeln sich in der deutschen Lebenswirklichkeit wider. Bei konkreter Betrachtung der Realität ist festzustellen, sowohl Artikel 20 (1) GG als auch Artikel 38 (1) stellen sich für die Mehrheit des Volkes als eine Mogelpackung heraus. Deutsche Demokratie und sozialer Bundesstaat sind Vakanzen. Es ist nicht drin, was draufsteht. Deutschland ist kein »demokratischer und sozialer Bundesstaat« und »alle Staatsgewalt« geht nicht von der überwältigenden Mehrheit des Volkes, nämlich von den von Lohn und Gehalt lebenden Proletariern aus. »Die Abgeordneten des Deutschen Bundestages« der käuflichen bürgerlichen

Parteien sind mit ihrem exerzierten Handeln nicht die »Vertreter des ganzen Volkes«. Herausragender Beleg dafür ist das soziale Elend von Millionen deutschen Bürgern. Die »Herrschaft des Volkes« gibt es also nur als inhaltslose, aber wohlklingende hehre Verkündung. Gleichzeitig und im konträren Widerspruch dazu tritt die Bundesrepublik Deutschland auch in ihrer Außenpolitik als Gralshüter der Demokratie auf. Statt Demokratie finden wir in Deutschland eine *»Kapitalkratie«* vor, die Herrschaft des Monopol- und Finanzkapitals und der Stinkreichen, von deren etablierten bürgerlichen Parteien und Berufspolitikern über den mehrheitlichen »Rest« der Gesellschaft. Selbst eine ordoliberale Politik, wie von Walter Eucken 1943/44 theoretisch begründet und von Ludwig Erhard 1957 im Nachkriegsdeutschland in seinem Buch »Wohlstand für alle« formuliert, musste aus genannten Gründen eine »schöne« Utopie bleiben.

Dem oben zitierten ersten Satz des Artikels 20 (2) des bundesdeutschen GG, »Alle Staatsgewalt geht vom Volke aus« folgt ein weiterführender zweiter Satz, der den ersten Satz faktisch aufhebt. In Satz zwei heißt es: »Sie wird vom Volke in Wahlen und Abstimmungen und durch besondere Organe der Gesetzgebung, der vollziehenden Gewalt und der Rechtsprechung ausgeübt«. Diese Festlegung in Satz zwei des Artikels 20 (2) GG bedeutet nichts anderes als die modifizierte Umsetzung der historischen »Gewaltenteilung« des Barons de Montesquieu in Deutschland, vertikal und horizontal. Das Instrument der »Gewaltenteilung« dient mit seiner Funktionsweise ausschließlich der Sicherung der

Herrschaft des Monopol- und Finanzkapitals. In meinem ersten Buch der *»grauen Reihe«* aus dem Jahre 2021 gehe ich ausführlich darauf ein*.

4. »Personalaustauschprogramm« des SPD-Bundeskanzlers Gerhard Schröder

Eine neue, qualitativ höhere Stufe der direkten Kapitalherrschaft in Deutschland leitete SPD-Bundeskanzler Gerhard Schröder (1998 bis 2005) mit der Einführung des sogenannten *»Personalaustauschprogramms«* im Jahre 2004 ein. Diese Prozedur erhielt die ansprechende und treffsichere Bezeichnung *»Crossing-over«* – auf Deutsch »Kreuzung«. Am 16. Juni 2004 startete das »Personalaustauschprogramm« und legalisierte die bis dahin bereits praktizierte Vorgehensweise der direkten Einbindung der Abgesandten des Monopol- und Finanzkapitals in die Arbeit der Ministerien der jeweiligen Regierungen. Dieser Beschluss ergänzte die traditionsreiche Etablierung von Abgeordneten des herrschenden Kapitals im Deutschen Bundestag und in den Regionalparlamenten. Ein solches Engagement eines SPD-Bundeskanzlers belegte erneut die Tatsache, dass die SPD mit der revolutionären Idee ihrer Gründungsväter vor langer Zeit radikal gebrochen hat. Die Grundlage dafür legte der Grundsatz-Beschluss über das *»Godesberger Parteiprogramm«* durch einen außerordentlichen Parteitag der SPD

*Jürgen Heidig, Autor und Eigenverlag: »Das Demokratie-tötende staatliche Herrschaftsprinzip des deutschen Monopol- und Finanzkapitals – frei nach den Thesen der ›Gewaltenteilung‹ des Charles-Louis de Secondat, Baron de La Brède de Montesquieu.«, »Graudruck-Reihe« 2021. ISBN 978-3-00-067567-6.

am 15. November 1959. Damit wurde die Trennung von jeglichem marxistischen Gedankengut und die Wandlung der SPD von einer *»sozialistischen Arbeiterpartei«* hin zu einer sogenannten *»Volkspartei«** verbindlich vollzogen. Eine solche opportunistisch-markante, transparente und demonstrative Grundsatzentscheidung wurde 1959 »dringend« benötigt, um die Sozialdemokratische Partei Deutschlands für die herrschende bürgerliche kapitalistische Klasse der BRD »hoffähig« zu machen und jeglichem weiteren Konflikt mit derselben aus dem Weg zu gehen. Sie bot der SPD die Möglichkeit, an der Machtausübung für das herrschende Kapital im deutschen Staat als akzeptierter »Partner« beteiligt zu werden. So ist die SPD heute, wie andere bürgerliche Parteien auch, vor allem ein Sprungbrett für posten-geile Karrieristen. Die Partei- und Wahlprogramme sind für den Wahlbürger die einzigen Anhaltspunkte zur jeweiligen Bundestagswahl. Die praktischen Beispiele zeigen, dass die Bedeutung einer Partei und ihrer Programmatik annähernd null ist. Kaum in den Bundestag oder die Landtage gehievt und an staatliche Macht gelangt, werden die frisch Gewählten zu Dienern des herrschenden Monopolkapitals. Die von diesem Personal gegebenen Wahlversprechen und die Partei- und Wahlprogramme ihrer Parteien werden über Nacht zu Makulatur und die vom Volk Gewählten zu bloßen Handlangern des Kapitals. Erinnern wir uns an die Bundestagswahl vom 26. September 2021!
Die *Grünen* legten in ihrem Wahlprogramm fest:

*Jürgen Heidig, Autor und Eigenverlag: »Irrlichter der deutschen Sozialdemokratie«, 2016. ISBN 978-3-00-053044-9.

»An Diktatoren, menschenrechtsverachtende Regime und in Kriegsgebiete« sollten Waffenlieferungen verboten werden. Diese Partei war dann die Erste, welche schwere Waffen für die Faschisten in der Ukraine forderte.

Die Kanzler-Partei *SPD* drang vor der Wahl 2021 auf eine »restriktive Rüstungsexportkontrolle«. [14] Wenig später hatte die SPD das dringende Verlangen, deutsche Panzer, Geschütze und Raketensysteme in die Ukraine zu schicken.

Ein Lehrstück für Korruption und Vetternwirtschaft durch diese »Repräsentanten des Volkes« fand im Frühjahr 2023 seinen Weg in den Fokus der Öffentlichkeit. Die Schlagzeile lautete: »Grüner Filz im Habeck-Ministerium: Firma von Graichen-Mitarbeiter wird mit 700.000 Euro gefördert«. Weiter hieß es in diesem Beitrag:

»Eine exklusive Recherche der Website Pleiteticker von Julian Reichelt könnte weitere Unruhe in die Büros der Berliner Scharnhorststraße 34-37 bringen. Dort hat das Bundesministerium für Wirtschaft und Klimaschutz (BMWK) seinen Sitz, in den letzten Wochen von den Medien schlicht Habeck-Ministerium genannt.

Der Pleiteticker fasst die jüngsten Eskapaden rund um Staatssekretär Patrick Graichens Treiben wie folgt zusammen:

›Das Wirtschaftsministerium fördert die Firma eines seiner Referatsleiter mit über 700.000 Euro. Dieser Christian Maaß ist Wärmewende-Chef in Habecks Wirtschaftsministerium – und der wichtigste Mitarbeiter von Patrick Graichen. Damit erreicht der Grüne Filz einen neuen, finanziellen Höhepunkt.‹ [...]

Bereits im September 2022 rückte der Grünenpolitiker kurzzeitig unfreiwillig in den Fokus der öffentlichen Wahrnehmung. Maaß war Gegenstand in einem Artikel der NachDenkSeiten. Dieser trug den Titel:

›Bundeswirtschaftsministerium unter Habeck: Vetternwirtschaft, Klima der Angst und Einsatz des Inlandsgeheimdienstes bei 'abweichenden Einschätzungen'.‹

Zur Person Maaß hieß es aufschlussreich:

›Neben Graichen nimmt noch ein weiterer Habeck-Vertrauter an dem Krisentreffen – zum 'Problem' unmissliebiger Mitarbeiter im BMWK – teil, der Leiter der Abteilung 'Wärme', Christian Maaß. Dieser wurde von Habeck erst Anfang 2022 in das Ministerium geholt. Zuvor war Maaß in führender Position bei der Grün-Alternativen Liste (GAL) in Hamburg und als Geschäftsführer des Consulting- und Lobbyunternehmens für Energiewende, dem

'Hamburg Institut', tätig.‹
Im Jahr 2008 gehörte Maaß in der 17. Hamburger Wahlperiode dem parlamentarischen Untersuchungsausschuss ›Schwarzer Filz ‹an. Grund für den Ausschuss waren Pläne der Hamburger CDU vor der damaligen Bürgerschaftswahl als CDU-geführter Senat, das Beamtengesetz zu ihren Gunsten zu ändern. Gut 15 Jahre später steht der ehemalige Filz-Jäger nun im Visier von ›Grüner Filz‹-Jägern. Es geht um Förderbeträge aus Steuergeldern im Bundeswirtschaftsministerium in sechsstelliger Höhe. Maaß ist Mitgründer, Gesellschafter und Geschäftsführer der ›HIC Hamburg Institut Consulting GmbH‹, die ›energiepolitische Analysen, Geschäftsmodelle und Strategien für Unternehmen‹ entwickelt. Kommuniziert wird unter dem Namen ›Hamburg Institut‹. Im Juni 2021, also noch vor der letzten Bundestagswahl, war Maaß Co-Autor einer ›Studie im Auftrag der Stiftung Klimaneutralität und Agora Energiewende‹. Der Titel: ›Agenda Wärmewende 2021‹. [...]
Eine 100-prozentige Tochtergesellschaft des Instituts, die ›Hamburg Institut Research gGmbH‹, erhält laut Pleiteticker-Recherchen ›massive Förderungen aus dem Bundeswirtschaftsministerium‹. Dazu heißt es: ›Ein Förderrahmen von 676.753 Euro wird im Zeitraum vom 2020-2024 ausgezahlt. 2023 werden weitere 31.000 Euro ausgezahlt.‹
Zuständig für diese Förderungen ist seit Ende 2021 Staatssekretär Patrick Graichen, bis Dezember 2021 ›Exekutivdirektor‹ des Unternehmens Agora.
Der frisch gekürte Wirtschaftsminister Robert Habeck schlug wiederum Maaß im Januar 2022 für

den Posten als Referatsleiter im Habeck-Ministerium vor.

Screenshot: Webseite Pleiteticker.de

Der Pleiteticker stellt diesbezüglich fest:
›Sehr ungewöhnlich: Denn Maaß war zuvor Unternehmer und nicht Beamter, was eigentlich die Voraussetzung für einen Referatsleiter-Posten ist.‹
Die nächste Auffälligkeit:
›Laut Handelsregister änderte Maaß den Namen seiner 'Christian Maaß Consult GmbH' am 21. März 2023 – also mitten in der Graichen-Affäre – in den

weniger verfänglichen Namen 'CMLS Verwaltungsgesellschaft mbH'. Auch der Geschäftsführer seiner Firma wurde gewechselt.‹

Auf die Frage, ob Maaß immer noch Geschäftsanteile besitze oder wirtschaftliche Beziehungen zum Hamburg Institut unterhalte, erhielt das Reichelt-Team keinerlei Antwort.

Das BMWK förderte das ›Hamburg Institut‹ mit einer Summe von rund 700.000 Euro. Ein Teil dieser Förderung wurde ›unter der Ägide von Patrick Graichen und Christian Maaß beschlossen und gezahlt‹. Das ›Hamburg Institut‹ wurde von Maaß gegründet und lange Zeit geführt. Die ›Christian Maaß Consult GmbH‹, jüngst umbenannt in ›CMLS Verwaltungsgesellschaft mbH‹, gehört zu 100 Prozent Maaß.

Der Fragenkatalog an den Bundesminister für Wirtschaft und Klimaschutz, Vizekanzler und Graichen-Filz-Betreuer Habeck nimmt damit inzwischen eine mehr als bedenkliche Größenordnung an.« [15] Die Deutsche Presse-Agentur (dpa) meldete am 17. Mai 2023: »Der umstrittene Wirtschaftsstaatssekretär Patrick Graichen wird seinen Posten räumen.«

Zurück zu »Crossing-over«. Das formulierte Ziel lautet: Die Wirtschaft überträgt ihr interessengeleitetes Wissen dem Staat, der seinerseits seine Informationen in die Wirtschaft einspeist – eben zum Zwecke der *»Chromosomenpaarung«* der *»Kreuzung«*, also der Entstehung und Sicherung eines gemeinsamen Ganzen.

Die letzten Relikte von Gemeinwohlinteressen der Bürger wurden mit diesem staatlichen Akt 2004 auf dem Altar der Profitinteressen verscherbelt. Mit »Crossing-over« öffnete sich der staatlich sanktio-

nierte offizielle Weg zur permanenten Mitwirkung und direkten Einflussnahme der Krösusse des Monopol- und Finanzkapitals auf die Formulierung und Vorbereitung von Gesetzen und damit an höchsten staatlichen Entscheidungen. Das damalige Ergebnis dieser Offerte der Regierung von SPD-Bundeskanzler Schröder an das Kapital: »Mehr als 100 Vertreter von deutschen Konzernen aus Industrie, Versicherungen und Bankenwesen haben [...] ihre Schreibtische in Bundesministerien bezogen [...] Sie schreiben an Gesetzen mit und sind damit politisch immer am Ball. [...]
Mit ihren bezahlten U-Booten erwerben die Unternehmensvorstände enormen Einfluss auf Regierungshandeln und jede Menge Insiderwissen [...] Die Konzerne kaufen sich auf diese Weise ganz legal in staatliches Handeln ein. [...] Der Staatsrechtler Hans Herbert Arnim findet für die bezahlten Vertreter der Privatwirtschaft an Ministeriumsschreibtischen ein schlichtes, aber zutreffendes Wort: Korruption.« [16]
Mit dieser verbindlich eingeführten Methode der offiziellen direkten Einbindung des Kapitals bei der Vorbereitung von Gesetzen bedurfte es nur noch eines kleinen Schrittes bis zum dann folgenden »Cum -Ex«-Geschehen.
In der 16-jährigen Amtszeit der CDU-Bundeskanzlerin Angela Merkel (2005 bis 2021) entwickelte sich die »Kreuzung«, – die komfortable Machtsituation für die kleinste deutsche Teilgesellschaft, das Monopol- und Finanzkapital und die Reichen »sehr gut« weiter. In Frau Merkels Kanzleramt und den Bundesministerien arbeiteten 2019 mehr als 20.000

festangestellte und gut bezahlte Mitarbeiter. Trotzdem verscherbelte die Bundesregierung in jenem Jahr »mindestens 548,5 Millionen Euro« für »Beratungs- und Unterstützungsleistungen« an die »bezahlten U-Boote«. Bereits nach sieben Jahren Amtszeit von Frau Merkel zeigte sich der »BDI – Spitzenverband der deutschen Wirtschaft« äußerst zufrieden. Im Mai 2012 konstatierte der BDI auf seiner Internetseite unter der Rubrik »Wir über uns«:
»Der BDI transportiert die Interessen der deutschen Industrie an die politisch Verantwortlichen. [...] Er verfügt über ein weit verzweigtes Netzwerk in Deutschland und Europa. [...] Der BDI sorgt für die politische Flankierung internationaler Markterschließung.« [17]
Die »Bürgerbewegung Finanzwende e. V.« veröffentlichte am 9. Dezember 2022 eine Studie mit der Überschrift: »FINANZLOBBY: IM AUFTRAG DES GELDES. Wie die Finanzlobby in Deutschland die Politik beeinflusst.«
In der Studie heißt es zur »Parallelwelt des Politikbetriebs«: »Eine Welt, die sich darauf spezialisiert habe, gegenüber Parlamenten und Regierungen Interessen durchzusetzen, obwohl sie keinerlei demokratisches Mandat dafür habe.[5] Die Finanzlobby ist in dieser Welt ganz vorne mit dabei: Im Dezember 2022, knapp ein Jahr nach dem Start des Lobbyregisters für Bundesregierung und Bundestag, waren 10 der 100 finanzstärksten Lobbyakteur*innen Banken, Versicherungsunternehmen und Investmentgesellschaften. [...]

DIE MACHT DER FINANZLOBBY IN ZAHLEN

- Unter den 101 Organisationen mit den größten

Lobbybudgets ist keine Branche so stark vertreten wie die Finanzlobby. Im November 2022, nach knapp einem Jahr Lobbyregister für Bundesregierung und Bundestag, kamen 11 Einträge von Banken, Versicherungsunternehmen und der Asset Management Branche. Die mächtige Autolobby war nur mit 6 Einträgen unter den Top 100 vertreten, die am zweitstärksten vertretene Branche, der Energiesektor, mit 9.[6]

- 295 Organisationen der Finanzlobby haben zwischen 2014 und 2020 nachweislich versucht, die deutsche Politik zu beeinflussen. Sie standen 79 NGOs, Kirchen, Gewerkschaften und Verbraucher*innenorganisationen gegenüber – ein Verhältnis von fast 4:1.[7]
- Nach vorläufigen Schätzungen der Bürgerbewegung Finanzwende aus dem Jahr 2020 arbeiten 1.500 Personen für Verbände und Unternehmen der Finanzlobby.[8] Das sind 33 Lobbyist*innen für jede*n der derzeit 45 Bundestagsabgeordneten im Finanzausschuss.
- Die Finanzindustrie gibt laut vorläufigen Schätzungen von Finanzwende aus dem Jahr 2020 pro Jahr 200 Millionen Euro für ihre Lobbyarbeit in Deutschland aus.[9]
- Der Gesamtverband der deutschen Versicherungswirtschaft (GDV) allein hat laut Lobbyregister ein Lobbybudget von gut 15 Millionen Euro. Der GDV beschäftigt zwischen 141 und 150 Lobbyist*innen.[10] Die Lobbyarbeit des GDV in Brüssel, in den Bundesländern und gegenüber Aufsichtsbehörden ist in diesen Zahlen noch nicht einmal erfasst.

- Dank ihrer Übermacht schafft es die Finanzlobby, im Durchschnitt 9 Mal mehr Stellungnahmen zu Gesetzentwürfen des Finanzministeriums abzugeben als die Zivilgesellschaft – ein wichtiger Kanal der politischen Einflussnahme.[11]« [18]

5. Rechtsgrundlage für »Cum-Ex« – Kapital und Staat formulieren »Hand in Hand« das Jahressteuergesetz 2007

Am 13. Januar 2020 offenbarte »Abgeordnetenwatch.de« sehr aufschlussreiche Dokumente über die direkte Einflussnahme der Kapitalmagnaten auf das Jahressteuergesetz 2007 und damit die praktische Vorbereitung des »Cum-Ex«-Verbrechens.
»Auslöser war ein Gesetz, das an entscheidender Stelle von der Bankenlobby formuliert worden war – eins zu eins, ohne dass ein Komma geändert wurde. Wie konnte es dazu kommen? [...] Haben sich Lobbyakteure also das Gesetz selber geschrieben, wie es der Zeuge, ein langjähriger Investmentberater, vor Gericht nahelegte? [...]
Wir haben die betreffenden Dokumente zusammengetragen und tatsächlich: Entscheidende Passagen aus Lobbyschreiben des Bundesverbandes deutscher Banken wurden in den folgenschweren Gesetzentwurf übernommen – teilweise eins zu eins, ohne ein Komma zu ändern. Die Dokumente stammen aus den Anlagen eines 830-seitigen Abschlussberichtes des Untersuchungsausschusses des Deutschen Bundestages zum Cum/Ex-Skandal.
Am 9. Januar 2003 schickte der Bundesverband deutscher Banken dem Bundesfinanzministerium

einen von ihm selbst verfassten ›ersten Entwurf eines steuergesetzlichen Formulierungsvorschlags‹ zur Änderung des Einkommensteuergesetzes, der unter anderem den folgenden Paragraphen enthielt:

§ 20 Kapitalvermögen

(1) Zu den Einkünften aus Kapitalvermögen gehören

1a. Einnahmen, die an Stelle der Bezüge im Sinne der Nummer 1 von einem anderen als dem Anteilseigner nach Absatz 2a bezogen werden, wenn dieser die Anteile mit Dividendenberechtigung erworben aber ohne Dividende erhalten hat;

Der Vorschlag des Bankenverbandes wurde später fast wörtlich als Paragraph 20 Absatz 1 Nummer 1 Satz 4 in das Jahressteuergesetz 2007 eingefügt (übernommene Stellen haben wir farbig markiert):

13. § 20 wird wie folgt geändert:

a) Absatz 1 wird wie folgt geändert:

aa) In Nummer 1 Satz 3 wird das den Satz abschließende Semikolon durch einen Punkt ersetzt und folgender Satz angefügt:

„Als sonstige Bezüge gelten auch Einnahmen, die an Stelle der Bezüge im Sinne des Satzes 1 von einem anderen als dem Anteilseigner nach Absatz 2a bezogen werden, wenn die Aktien mit Dividendenberechtigung erworben, aber ohne Dividendenanspruch geliefert werden;".

Durch diese Gesetzesänderung wurde die Kapitalertragsteuer auf sogenannte Dividendenkompensationszahlungen ausgeweitet, jedoch nur geltend für inländische Geschäfte.

Die Folge: Marktteilnehmer wickelten ihre komplizierten Aktiengeschäfte (sogenannte ›Leerverkäu-

fe‹) nun verstärkt über ausländische Banken ab und ließen sich die einmal gezahlte Steuer gleich mehrfach vom deutschen Fiskus erstatten.
Auch einen Teil der Gesetzesbegründung kopierte das Bundesfinanzministerium von der Bankenlobby.
Am 20. Dezember 2002 schrieb der Bankenverband ans Ministerium: ›In dem Sonderfall eines sogenannten Leerverkaufes, bei dem der Verkäufer die Aktien selbst erst beschaffen muss und der Erwerb dieser Wertpapiere durch den Veräußerer erst zu einem Zeitpunkt möglich ist, in dem bereits der Dividendenabschlag vorgenommen wurde, ist der betreffende Aktienbestand im Zeitpunkt der Dividendenzahlung noch im rechtlichen Eigentum eines Dritten, dem seinerseits auch die Dividende und der damit verbundene Kapitalertragsteuer Anrechnungsanspruch als rechtlichem Eigentümer der Aktien zustehen.
Deshalb sind in diesem Fall zusätzliche Regelungen notwendig, um dem Fiskus die Kapitalertragsteuer betragsmäßig zur Verfügung zu stellen, die dem Anrechnungsanspruch entspricht, der dem Aktienerwerber als wirtschaftlichem Eigentümer und Dividendenbezieher zusteht.‹
Dieser Absatz findet sich später eins zu eins (mit Ausnahme eines fehlenden Buchstabens im Wort ›Leerverkaufs‹) in der Gesetzesbegründung des Finanzministeriums wieder.

In dem Sonderfall eines sogenannten Leerverkaufs, bei dem der Verkäufer die Aktien selbst erst beschaffen muss und der Erwerb dieser Wertpapiere durch den Veräußerer erst zu einem Zeitpunkt möglich ist, in dem bereits der Dividendenabschlag vorgenommen wurde, ist der betreffende Aktienbestand im Zeitpunkt der Dividendenzahlung noch im rechtlichen Eigentum eines Dritten, dem seinerseits auch die Dividende und der damit verbundene Kapitalertragsteuer-Anrechnungsanspruch als rechtlichem Eigentümer der Aktien zustehen. Deshalb sind in diesem Fall zusätzliche Regelungen notwendig, um dem Fiskus die Kapitalertragsteuer betragsmäßig zur Verfügung zu stellen, die dem Anrechnungsanspruch entspricht, der dem Aktienerwerber als wirtschaftlichem Eigentümer und Dividendenbezieher zusteht.

Aus dem Absatz ergab sich, dass eine Aktie vermeintlich zwei Besitzer haben kann. Die beteiligten Anleger, Banken und Berater konnten sich also darauf berufen, dass die mehrfache Erstattung der Steuer ganz legal war.« [19]

Diese offensichtlich direkt vom Finanzkapital formulierte Gesetzesvorlage vollendete in jenem Jahr die Steilvorlage für den dann folgenden, über Ländergrenzen hinweg organisierten »Cum-Ex«-Steuerraub.

Einer der Hauptakteure in diesem Geschehen, der deutsche Jurist und Rechtsanwalt Hanno Berger, verfügte »über hervorragende Kontakte ins Bundesfinanzministerium, in die Bundesfinanzakademie, in das Bundeszentralamt für Steuern, aber auch in den Sparkassen- und Giroverband. Von dort erfuhr er sehr früh, wenn der Staat Gesetzesänderungen plante und konnte seine Tricks neuen Vorschriften

anpassen. Gesetzentwürfe kamen direkt auf seinen Schreibtisch, lange bevor etwa die Bundestagsabgeordneten davon Kenntnis erlangten, die später die Gesetze beschlossen.« *(Zitat: Quelle 87)*
Herr Berger verkündete am 6. Dezember 2022 vor Gericht offensichtlich in Interpretation seiner eigenen gesammelten, oben genannten Erfahrungen mit der »Crossing-over«-Staatspraxis im Gesetzgebungsverfahren und dem dann beschlossenen Steuergesetz: »Er habe die Transaktionen als legales Steuersparmodell angesehen.« *(Zitat: Quelle 92)*
Politiker und Vertreter der obersten deutschen Staatsorgane, vom Volk einst gewählte Funktionsträger, ein Netzwerk von Aktienhändlern, Steuerberatern, Bänkern und Anwälten fanden sich auf der Grundlage des oben zitierten Gesetzestextes und der vermeintlichen Legalität ihres Handelns zum gemeinsamen kriminellen »Cum-Ex«-Geschäft. *Alle* Aktivisten dieses Finanzbetrugs gaben sich ebenso überzeugt wie Herr Hanno Berger, dass ihre Verbrechen am BRD-Staat und damit an den steuerzahlenden Bürgern »ganz legal« seien.
Das Bundesfinanzministerium wies am 5. Mai 2009 erstmals in einem Rundbrief an die deutschen Banken darauf hin, dass es sich bei »Cum-Ex« um ein ***»illegales«*** System zur Steuervermeidung handelt. Auch die deutsche Justiz hielt sich diesbezüglich offensichtlich lange Zeit »vornehm« zurück. Der Bundesgerichtshof befand erst am 28. Juli 2021, dass das »Cum-Ex«-Geschehen ***»rechtswidrig«*** sei. Und der Bundesfinanzhof kennzeichnete »Cum-Ex« sogar erst am 15. März 2022 als ***»steuerrechtlich unzulässig«***.

Warum aber wurde »Cum-Ex« nicht direkt als fundamentales Verbrechen eingestuft und warum kamen die Reaktionen darauf, so spät?
Den Versuch einer Begründung dafür, dass sich selbst die Justiz über die Konsequenzen des äußerst kriminellen »Cum-Ex«-Handelns zu lange nicht im Klaren war, lieferte das Handelsblatt im Mai 2023. Zitat: »War es lange umstritten, ob das fragwürdige Vorgehen *zwar illegitim*, aber *nicht illegal* war, gibt es inzwischen höchstrichterliche Urteile, die das Vorgehen der Finanzbranche als *unrechtmäßig* erklärten.« *(Zitat: Quelle 131)*
So verwundert selbst die nachfolgend dokumentierte, augenscheinlich »unentschlossene« Haltung der deutschen Staatsanwaltschaft bei der Strafverfolgung der politisch Verantwortlichen in dieser Sache nicht.
Eine Ursache für die dokumentierte Zurückhaltung des Generalbundesanwaltes und seiner Behörden in den Ländern findet sich offensichtlich auch in Paragraf 146 des »Gerichtsverfassungsgesetzes (GVG)«. Dieser legt fest: »Die Beamten der Staatsanwaltschaft haben den dienstlichen Anweisungen ihres Vorgesetzten nachzukommen.« Mit dieser Regelung ist der aktuelle FDP-Bundesjustizminister im Kabinett von SPD-Kanzler Olaf Scholz Dr. Marco Buschmann gegenüber dem Generalbundesanwalt und den Bundesanwälten weisungsbefugt. Ein unabhängiges Agieren des Generalstaatsanwaltes und der Staatsanwaltschaften auf Länderebene ist damit, wie am Fall Olaf Scholz protokolliert, praktisch nicht möglich.

6. Profanes »Cum-Ex«-Konglomerat, – ein dokumentierter Politthriller

Zur Hochburg des »Cum-Ex«-Geschehens in Deutschland »entwickelte« sich das Hamburger Bankhaus »M.M.Warburg & CO«. Diesem Geldinstitut wurde vorgeworfen, auf verbrecherische Art und Weise mittels »Cum-Ex« dem Staat 325 Millionen Euro entzogen zu haben. Deshalb stand diese Bank permanent im Focus der Aufmerksamkeit der deutschen Öffentlichkeit. Die »BÜRGERSCHAFT DER FREIEN UND HANSESTADT HAMBURG« beschloss mit der »Drucksache 22/1762« am 28. Oktober 2020 die Bildung eines »Parlamentarischen Untersuchungsausschusses (PUA) zur Klärung der Frage, warum der Hamburger Senat und die Hamburger Steuerverwaltung bereit waren, Steuern in Millionenhöhe mit Blick auf Cum-Ex-Geschäfte verjähren zu lassen und inwieweit es dabei zur Einflussnahme zugunsten der steuerpflichtigen Bank und zum Nachteil der Hamburgerinnen und Hamburger kam (PUA ›Cum-Ex-Steuergeldaffäre‹)«.
Mit ebensolcher Aufmerksamkeitspräsenz wie das Bankhaus »M.M.Warburg & CO« wurde in der Öffentlichkeit das Verhalten der damals in Staatsverantwortung handelnden Personen bedacht. Vornehmlich das des heutigen Bundeskanzlers Olaf Scholz, von März 2011 bis März 2018 Erster Bürgermeister Hamburgs und des heutigen Hamburger Ersten Bürgermeisters Peter Tschentscher, vormals Finanzsenator der Stadt. Es ging vor allem um Beantwortung der Frage, ob diese Repräsentanten

Einfluss auf Entscheidungen des Finanzamts genommen haben, der im Cum-Ex-Sumpf befindlichen »M.M.Warburg & CO«-Bank eine Steuernachforderung in Höhe von 47 Millionen Euro zu erlassen.
Bei der versuchten Aufklärung dieses Sachverhaltes kam der heutige Bundeskanzler Olaf Scholz zunehmend in Bedrängnis. Seine Rolle in diesem Klärungsprozess bestand, wie die folgende Dokumentation zeigt, offensichtlich aus gutem Grund im Wesentlichen in der Aussage: *»Ich kann mich nicht erinnern«*.
Das »Cum-Ex«-Konglomerat in Deutschland setzte sich nicht nur aus der Hamburger »M.M.Warburg & CO«-Bank, vielen weiteren Banken, gewählten Funktionsträgern bürgerlicher Parteien und des Staates, Aktienhändlern, Steuerberatern, Anwälten und Notaren zusammen. Eine bedeutende, von politischen Interessen gelenkte Rolle bei der Beeinflussung der öffentlichen Meinung über »Cum-Ex« spielten und spielen neben ARD, ZDF und Co., die privaten Medienanstalten. Wie die folgende Grafik zeigt, bestimmen nur »zwei Handvoll« Familienunternehmen, was der BRD-Bürger zu denken hat. Trotz einer Vielzahl verschiedener Magazine, Zeitschriften, Tageszeitungen und Fernsehsender tritt dem Konsumenten oft ein und derselbe Eigentümer und damit auch ein Meinungsmonopol gegenüber. Und der rapide Konzentrationsprozess des privaten Medien-Kapitals geht zügig weiter.
Ein Beispiel für den Versuch, über seine Medienmacht die öffentliche Meinung über »Cum-Ex« direkt zu beeinflussen, lieferte »Axel Springer« in Ge-

stalt seines Bosses Mathias Döpfner. Im Jahre 2006 vergab Christian Olearius, damals Partner und Mitinhaber der Hamburger »M.M. Warburg & CO«-Bank, an Döpfner ein Darlehen für seinen Einstieg

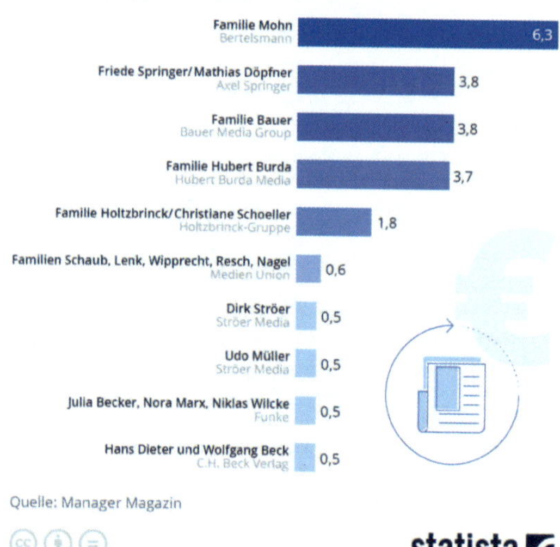

bei Springer als Anteilseigner. Zehn Jahre später revanchierte sich Döpfner in den Springer-Blättern dankbar bei Olearius, welcher mit seiner Bank bereits massiv wegen der »Cum-Ex«-Geschäfte im Visier der Justiz stand.

»In der Welt am Sonntag (erschien) Anfang 2018 das erste große Interview von Olearius zu der Affäre, in dem ihm viel Raum gegeben wurde, sich als unschuldig zu präsentieren und Medienschelte zu betreiben. Auch das Springer-Schwesterblatt Bild hielt sich damals in Sachen Warburg-Bank und deren Verbindung zur in Hamburg regierenden SPD auffällig zurück. ›Das soll der Skandal sein?‹ fragte *Bild* Anfang 2020, nachdem die Treffen von Olearius mit Scholz bekanntgeworden waren. Die Vorwürfe gegen Olearius und den heutigen Kanzler seien ›kaum noch zu halten‹.« *(Zitat: Quelle 128)*

Die »Entwicklung« rund um den im Jahre 2010 öffentlich gewordenen verbrecherischen »Cum-Ex«-Steuerskandal wird im Folgenden insbesondere anhand der Tätigkeit des Hamburger »PUA« skizziert. Aber die folgenden faktenreichen Informationen speisen sich über 29 Monate unter anderem vor allem auch aus Veröffentlichungen des Hamburger Rechtsanwalts und Strafverteidiger Dr. iur. h. c. Gerhard Strate, weiteren Anwälten und Berichten verschiedener »öffentlich-rechtlicher« und privater Medien zwischen dem 18. Februar 2020 und 12. Mai 2023.

Das im Folgenden abgebildete Handeln von politisch und staatlich verantwortlichen Personen im »Cum-Ex«-Krisengeschehen und die diesbezüglichen politischen Machtspiele der bürgerlichen Parteien SPD, FDP, Grüne und CDU/CSU hinterlassen beim Leser einen bleibenden, beklemmenden, abstoßenden Eindruck. Die Abfolge der turbulenten Ereignisse erscheint hingegen wie ein Politthriller.

⮟

18. Februar 2020. »jungewelt.de«:
»Dass nicht nur Banker und Berater in den ›Cum-Ex‹-Skandal verstrickt sind, sondern auch die Politik, war klar. [...] Doch nach den jüngsten Enthüllungen über die Hamburger Steuerraub-Seilschaften hat die politische Dimension von ›Cum-Ex‹ mit Olaf Scholz ein Gesicht. Und wer wäre für diese Rolle besser geeignet als jener SPD-Finanzminister, der in der Euro-Krise den Kürzungsdruck auf Südeuropa hochgehalten hat, die Digital- und Finanztransaktionssteuer sabotierte und die »schwarze Null« konsequent gegen Forderungen nach Klimaschutzinvestitionen verteidigt? ›Cum-Ex‹ fand Scholz allerdings Mitte Dezember nicht nur ›frech und dreist‹, sondern auch ›verachtenswert‹. ›Schleierhaft‹ war es ihm, wie man diese Geschäfte für ›irgendwie legal oder legitim‹ halten könne. Wie heuchlerisch die gespielte Empörung des früheren Hamburger Bürgermeisters war, zeigte sich vergangene Woche, als bekannt wurde, wie tief die bevorzugte Bank der Hamburger Geldelite, die M.M. Warburg & Co., im ›Cum-Ex‹-Sumpf steckt – und wie leidenschaftlich die politische Elite der Hansestadt über Jahre darum bemüht war, das Geldhaus wieder rauszuziehen. Trotz Hinweisen der Staatsanwaltschaft Köln wurden Rückforderungen gegen die Bank bis zur Verjährung verschleppt. Wider das Wissen um die Dimension, in der sich Warburg auf Kosten der Allgemeinheit bereichert hatte, wurde

noch im vergangenen Jahr ein Vergleich abgeschlossen, durch den sie mit der Zahlung einer läppischen Teilsumme davonkommen sollte. […] Doch nun belasten die Tagebücher des im November unter Druck zurückgetretenen Aufsichtsratsvorsitzenden Christian Olearius Scholz und seinen Nachfolger Peter Tschentscher ganz konkret. Mit Scholz wurde im November 2017 die ›Cum-Ex‹-Verstrickung der Bank erörtert, mit dem Ergebnis, dass man sich keine Sorgen zu machen brauche. Tschentscher verantwortete als Finanzsenator die städtische Nachsicht gegenüber Warburg in Sachen Rückforderung. Ohne politische Schützenhilfe hätte es einen Griff in die Staatskasse in diesem Ausmaß niemals geben können. […] Schließlich wird die Finanzelite hierzulande durch Regierung und parlamentarische Mehrheiten systematisch protegiert, wenn etwa ein angemessener Schutz für Whistleblower oder Meldepflichten für neue Finanzprodukte konsequent verhindert und Kontrollbehörden die Mittel entzogen werden. So verteidigen die politischen Funktionäre die Interessen des Finanzkapitals.« [20]

28. Oktober 2020. »NDR.de«:
»Hamburg: Cum-Ex: Bürgerschaft beschließt Untersuchungsausschuss. […] Der Ausschuss soll aufklären, warum der in den Skandal verwickelten Warburg-Bank Steuernachforderungen in Millionenhöhe erlassen wurden. […] Im Ausschuss soll es um die Frage gehen, ob der frühere Bürgermeister und heutige Bundesfinanzminister Olaf Scholz, sowie der heutige Bürgermeister und damalige Fi-

nanzsenator Peter Tschentscher Einfluss auf Entscheidungen des Finanzamts genommen haben, der in den Cum-Ex-Skandal verwickelten Warburg-Bank eine Steuernachforderung in Höhe von 47 Millionen Euro zu erlassen. [...] Der Ausschuss untersucht einen längeren Zeitraum als ursprünglich vorgesehen - auf Antrag der rot-grünen Regierungskoalition. Denn die Cum- Ex-Geschäfte der Warburg Bank sind schon vor 2016 getätigt worden, mutmaßlich ab 2006, so die Begründung. Damit betrifft der Skandal nicht nur die Zeit des SPD-geführten Senats, sondern auch die Zeit von CDU-Bürgermeister Ole von Beust. Die Warburg-Gruppe erklärt, dass die Bank sich nie mit unzulässigen, rechtswidrigen Forderungen oder Wünschen an die Steuerverwaltung oder Politiker gewandt habe.« [21]

6. November 2020. »NDR.de«:
»Cum-Ex-Affäre: Untersuchungsausschuss konstituiert sich. [...] Der Parlamentarische Untersuchungsausschuss hat besondere Rechte, er kann zum Beispiel Ermittlungsakten anfordern und Zeugen vorladen. Ganz oben auf der Liste der Oppositionsparteien: Bundesfinanzminister Olaf Scholz und Bürgermeister Peter Tschentscher (beide SPD). Hintergrund für den Ausschuss sind Treffen von Scholz mit dem Mitinhaber der Warburg Bank, Christian Olearius, in den Jahren 2016 und 2017. In diesem Zeitraum ließ Hamburg eine Steuernachforderung von rund 47 Millionen Euro im Zusammenhang mit den sogenannten Cum-Ex-Geschäften verjähren. Scholz und Tschentscher haben den Verdacht, Einfluss auf diese Entscheidung genommen

zu haben, mehrfach zurückgewiesen.« [22]

13. November 2020. »sueddeutsche.de«: »Von Dienstag an steht ein früherer Intimus des Privatbankiers Christian Olearius wegen Cum-Ex-Geschäften in Bonn vor Gericht. [...] Er wird dann vorne rechts Platz nehmen, und allen wird klar sein, was dem früheren Banker droht: eine lange Gefängnisstrafe wegen schwerer Steuerhinterziehung, wegen *325 Millionen Euro*, die unter Beteiligung des 77-Jährigen aus der Staatskasse gestohlen worden sein sollen. Mit dem Verfahren gegen den früheren Privatbank-Prokuristen setzt das Bonner Landgericht nach acht Monaten die Aufarbeitung der Cum-Ex-Affäre fort. Er ist der erste von vier angeklagten Warburg-Managern, [...]. Angeklagt ist jetzt ein Mann, der in der Führung der Bank einst zu den engsten Vertrauten von Ex-Bankchef und Warburg-Mitinhaber Christian Olearius, 78, gehörte. Es geht um 13 mutmaßliche Fälle von schwerer Steuerhinterziehung zwischen 2006 und 2013, es geht vor allem um die Frage: War den Warburg-Bankern bewusst, was hinter den Deals steckte? [...] Niemand in der Bank, keiner der beschuldigten Banker und Ex-Manager, hat ausgesagt oder gar gestanden. [...] Bei der Kölner Staatsanwaltschaft haben sich mehrere Kronzeugen umfangreich eingelassen und beschrieben, wie sie als Teil der Steuervermeidungsindustrie in Banken und Kanzleien den Staat um Millionenbeträge brachten. Im ersten Prozess gegen zwei geständige Hedgefonds-Manager gab es dafür im Gegenzug milde Strafen. Die Staatsanwaltschaft Köln ermittelt seit bald acht Jahren in mittlerweile

69 Cum-Ex-Verfahren gegen Hunderte Beschuldigte. [...] (Anwalt) Gauweiler wiederum hat sich schon öffentlich positioniert: Er will aus einem möglichen Gerichtsverfahren gegen Olearius offenbar einen Musterprozess machen, in dem es um das Versagen des Staates geht, der Cum-Ex-Geschäfte jahrelang für statthaft erklärt habe. Einen Prozess, in dem es auch wieder um die Deutsche Bank geht: Die war als Depotbank an Cum-Ex-Geschäften rund um Warburg beteiligt und hätte die fälligen Steuern zahlen müssen, sagt Gauweiler. Das sah auch das Landgericht Frankfurt so, wobei Warburg das Zivilverfahren gegen die Bank dort in erster Instanz verlor.
Und noch eines will Gauweiler: der Frage nachgehen, was denn die Landesbanken getrieben haben, von denen mindestens drei tief in die Cum-Ex-Affäre verstrickt sind. Darunter auch die später abgewickelte West-LB, die den Fiskus um gleich 454 Millionen Euro erleichtert haben soll. In jenen Jahren saßen namhafte Politiker und Manager im Aufsichtsrat der West-LB, darunter ehemalige NRW-Finanzminister.« [23]

5. Februar 2021. »NDR.de«:
»Vor mehr als drei Monaten hat die Hamburgische Bürgerschaft den Parlamentarischen Untersuchungsausschuss (PUA) zur Cum-Ex-Affäre eingesetzt. [...] Erst in dieser Woche hat der Senat grünes Licht dafür gegeben, dass die Abgeordneten Unterlagen aus der Finanzbehörde und der Steuerverwaltung erhalten können. Mehrere Kisten mit Akten stehen angeblich in der Behörde bereit. Bevor sie

der Untersuchungsausschuss erhält, muss dieser sich aber noch zur Geheimhaltung und zum Steuergeheimnis verpflichten, so eine Sprecherin der Finanzbehörde. Das soll nun bei der dritten Sitzung am Freitag geschehen. [...]
Der Parlamentarische Untersuchungsausschuss soll die Frage untersuchen, ob der Senat Einfluss auf das Finanzamt genommen hat, von der Warburg Bank in den Jahren 2016 und 2017 Steuern nicht zurückzufordern. Bundesfinanzminister Olaf Scholz (SPD), der damals Erster Bürgermeister war, hat das mehrfach bestritten. Ebenso der jetzige Erste Bürgermeister Peter Tschentscher (SPD), damals Finanzsenator.« [24]

6. August 2021. »NDR.de«:
»Der Parlamentarische Untersuchungsausschuss der Bürgerschaft zur Cum-Ex-Steuergeldaffäre hat am Freitag eine der zentralen Personen als Zeugin befragt. Über vier Stunden stand die Beamtin Rede und Antwort, die im Finanzamt für die Warburg-Bank zuständig war. [...] Zunächst recht schmallippig und kurz angebunden, häufig mit der Antwort: ›Ich kann mich nicht erinnern.‹ [...] Der Knackpunkt in den Befragungen ist die Tatsache, dass die Finanzbeamtin 2016 zunächst 47 Millionen Euro Steuererstattung von der Warburg-Bank zurückfordern wollte. Einige Wochen später - nach Gesprächen zwischen Finanzamt und Finanzbehörde - habe man darauf aber verzichtet. Dass so eine Rückforderung auch Bestand haben könnte, so die Zeugin, die Chancen standen 50:50. [...]
Man hätte keine Beweise, dass die Bank wirklich

Cum-Ex-Geschäfte getätigt hat. In den Gesprächen zwischen Amt und Behörde sei dann die Entscheidung gefallen, nein, keine Rückforderung. ›Wir sind in einer hierarchischen Verwaltung; Ober sticht Unter‹, sagte die Zeugin wörtlich, aber diese Entscheidung habe man gemeinsam getroffen. Dass es Gespräche zwischen den Miteigentümern der Bank und dem damaligen Bürgermeister Olaf Scholz gab - davon sei ihr nichts bekannt. Und sie selbst kenne weder Max Warburg noch Christian Olearius persönlich.« [25]

2. Oktober 2021. »NDR.de«:
»Hamburger Finanzamtsmitarbeiter wollten offenbar schon früh von der Warburg Bank Steuern aus Cum-Ex-Geschäften zurückfordern. Das hat ein Zeuge im Untersuchungsausschuss der Bürgerschaft ausgesagt. Viele Jahre war der Finanzamtsmitarbeiter als Betriebsprüfer für die Warburg Bank zuständig. Er erklärte: Bereits Anfang 2016 habe er erkannt, dass die Privatbank Cum-Ex-Geschäfte gemacht hat. Und das will der inzwischen pensionierte Mitarbeiter auch seinen Vorgesetzten gesagt haben. Durch eine Razzia der Staatsanwaltschaft bei Warburg habe er sich motiviert gefühlt. [...] Den Beschluss von Finanzamt und Finanzbehörde, zunächst auf 47 Millionen Euro zu verzichten, nannte der Zeuge im Ausschuss ›traurig‹«. [26]

21. Oktober 2021. »daserste.ndr.de«:
»Sanjay Shah gilt als einer der größten Steuerräuber weltweit. Mit Cum-Ex und ähnlichen Aktiendeals haben er und seine Firmen aus Sicht der Ermittler mehr als 1,2 Milliarden Euro erbeutet, rund 500

Millionen davon flossen nach eigener Ansage in seine Tasche. Gegen den britischen Investmentbanker Sanjay Shah laufen Ermittlungen in mehreren europäischen Ländern. [...] Ein internationaler Haftbefehl ist ausgestellt, ein Großteil seines Vermögens bereits eingefroren.
Der Raubzug durch die Steuerkassen geht fast ungehindert weiter - weltweit. [...] Nach neuen Berechnungen eines Teams um den Steuerprofessor Christoph Spengel von der Universität Mannheim beläuft sich der weltweite Schaden durch Cum-Ex, Cum-Cum und ähnliche Geschäfte auf mindestens 150 Milliarden Euro. [...]
Die Bundesregierung scheint sogenannte ›Cum-Cum-Geschäfte‹ bis heute nicht effektiv zu bekämpfen. Obwohl ihr die immensen Verluste, die der Steuerkasse dadurch entstehen, bekannt sind. Namhafte Steuerexperten und Finanzrichter sehen die Verantwortung für die milliardenschweren Steuerdiebstahl auch bei Finanzminister Olaf Scholz und seinem Vorgänger Wolfgang Schäuble, weil sie trotz Warnungen jahrelang keine Maßnahmen ergriffen haben, um dieses Geschäft endgültig zu unterbinden, wie es in anderen Ländern längst geschehen ist. [...] Der Mannheimer Steuerprofessor Christoph Spengel warnt seit Jahren vor dem milliardenschweren Steuerraub durch Aktiengeschäfte wie Cum-Cum. ›Die Information hat auch das Bundesfinanzministerium, und zwar zumindest von mir‹, sagt Spengel im Interview mit Panorama. Spengel ist Mitglied des Wissenschaftlichen Beirates des Bundesfinanzministerium (BMF). Seine Korrespondenz mit der Leitungsebene des Finanzministeri-

ums liegt Panorama vor. [...] Gerhard Schick war bis 2018 Mitglied des Deutschen Bundestages. Seit Juli 2018 ist er Vorstand des Vereins Bürgerbewegung Finanzwende. [...] ›Wir müssen davon ausgehen, dass fast alle Banken in Deutschland Cum-Cum mitgemacht haben‹, sagt Gerhard Schick von der Nichtregierungsorganisation ›Finanzwende‹. Schick untermauert dies mit einer Abfrage der Bafin aus dem Jahr 2017. Gegenüber der Bankenaufsicht räumten damals 85 Geldinstitute ein, in Cum-Cum-Gestaltungen involviert gewesen zu sein. Davon gaben 77 Institute an, finanzielle Belastungen zu erwarten, sollten die durch Cum-Cum-Geschäfte erzielten Gelder zurückgefordert werden. [...] Nach den Erhebungen des Mannheimer Steuerprofessors Spengel betreiben Banken auch in Deutschland bis heute weiter Cum-Cum-Geschäfte. Ein wesentlicher Grund für die Fortführung dieses Steuerdiebstahls ist offenbar die irrige Annahme, dass Cum Cum - anders als Cum Ex - nicht illegal sei. Dem widerspricht Helmut Lotzgeselle. [...] Die Erhebung des Teams von Spengel hat ergeben, dass in Deutschland durch Cum-Ex, Cum-Cum und ähnliche Geschäfte in den Jahren 2000 bis 2020 mindestens ein Steuerschaden von 35,9 Milliarden Euro entstanden ist. Der größte Teil davon entstand durch Cum-Cum-Geschäfte. [...]
Helmut Lotzgeselle, Vorsitzender Richter am Hessischen Finanzgericht, befürchtet, die Politik wolle die Banken schützen. ›Da sind jetzt Milliarden, die ausstehen, und die Verjährung droht da jederzeit. Es ist schon so viel Zeit verflossen, dass man jetzt eigentlich kaum noch Möglichkeiten hat, alles Geld

zurück zu holen. Es wird nur ein kleiner Teil sein, aber zumindest den sollte man jetzt versuchen zurückzuholen‹, sagt ›Finanzwende‹-Chef Gerhard Schick, einst Grünen-Bundestagabgeordneter und Initiator des Untersuchungsausschusses Cum-Ex. ›Es besteht der Verdacht, dass die Politik die Banken insoweit schützen möchte, in dem sie die Fälle nicht aufgreift. Denn es geht um sehr viel Geld, und möglicherweise sind auch viele in der Sache mittelbar betroffen‹, sagt Finanzrichter Lotzgeselle. Das BMF teilt auf Panorama-Anfrage mit, eine Abfrage bei den Obersten Finanzbehörden der Länder habe ergeben, dass 102 Cum-Cum-Fälle bearbeitet werden und die Landesfinanzverwaltungen davon ausgehen, rund 135 Millionen Euro zurückfordern zu können. Dabei handele es sich um ältere Fälle. Seit 2016 seien keine Cum-Cum-Fälle bekannt. [...]
In Panorama kommt auch die Kölner Oberstaatsanwältin Anne Brorhilker ausführlich zu Wort. Unter ihrer Leitung ermittelt die Kölner Staatsanwaltschaft gegen mehr als 1.000 Beschuldigte - darunter Sanjay Shah. ›Er ist sicherlich einer, der am meisten Risiko eingegangen ist. Er hat das schon sehr auffällig gemacht, und deswegen ist er auch relativ schnell aufgeflogen‹, sagt Brorhilker. Shah selbst zeigt in seinem ersten Interview im deutschen Fernsehen weder Reue noch Verständnis: ›Warum fragen Sie nicht Ihre Regierung, warum sie das Schlupfloch nicht geschlossen haben?‹, sagt der Brite mit indischen Wurzeln. ›Meine Meinung ist: Ja, es ist eine Schande, aber macht mir keine Vorwürfe. Ich bin nicht der einzige, der dieses Geschäft betreibt. Und wenn es ein Problem gibt, sollte die Re-

gierung es beheben.‹« [27]

22. Oktober 2021. »statista.com«:
»CUM-EX-BETRUG (Infografik) [...] Mindestens 150 Milliarden Euro beträgt der Steuerschaden durch Cum-Cum, Cum-Ex und ähnliche Geschäfte. Das geht aus einer Analyse des Recherchezentrums Correctiv in 12 Ländern zwischen 2000 und 2020 hervor. Die Schätzungen dahingehend waren den Journalist:innen zufolge eher konservativ. Wirtschaftsprofessor Christoph Spengel und sein Team rechnen mit einem Mindestschaden durch Cum-Cum von 141 Milliarden Euro. In den drei von Cum-Ex betroffenen Ländern kommen sie auf eine Summe von mindestens 9,1 Milliarden Euro.
Den größten Verlust von Steuereinnahmen registriert Correctiv in Deutschland. Rund 36 Milliarden Euro sind hier am Fiskus vorbeigeschmuggelt worden. Um diese Summe ins Verhältnis zu setzen: Mit dem Geld hätte der Bund rund 2.000 Euro Bonus für Gesundheitspersonal, eine Milliarde für sozialen Wohnungsbau, ein Jahr kostenlosen ÖPNV, Laptops für jede:n Schüler:in, die Baukosten des BER-Flughafens und zusätzlich 47 Millionen Liter Oktoberfestbier finanzieren können.
Frankreichs Steuerverlust wird auf rund 33,4 Milliarden taxiert, in den Niederlanden sind es 27 Milliarden Euro. Auch in den Alpenrepubliken wurden Untersuchungen angestellt – der Schweiz sind in 20 Jahren rund 4,8 Milliarden Euro entgangen, Österreichs Steuerzahler:innen wurden um rund 1,2 Milliarden Euro betrogen.« [28]

22. Oktober 2021. »NDR.de«:
»Bereits zum 17. Mal tagt heute der Untersuchungsausschuss der Hamburgischen Bürgerschaft zur Cum-Ex-Affäre um die Warburg Bank. [...] Sind der Ausschussvorsitzende Mathias Petersen (SPD) und der SPD-Obmann Milan Pein womöglich befangen? [...] Hintergrund: Beide Politiker waren 2017 Mitglied des geschäftsführenden Landesvorstands. Und der hat zugestimmt, dass die SPD insgesamt 38.000 Euro Spenden von Warburg-nahen Unternehmen annimmt.« [29]

23. Oktober 2021. »NDR.de«:
»Warum hat das Hamburger Finanzamt in Sachen Cum-Ex-Geschäfte zunächst auf Steuerrückforderungen verzichtet? Gab es Einfluss vom damaligen Ersten Bürgermeister Olaf Scholz oder anderen führenden SPD-Politikern? Der Parlamentarische Untersuchungsausschuss der Bürgerschaft versucht, diese Fragen zu klären. ›Nein, ich habe keine Kenntnis davon, dass es politischen Einfluss gab‹, sagte die damalige Betriebsprüferin des Finanzamtes in ihrer dreistündigen Aussage am Freitag vorm PUA. Aber sie habe schon den Eindruck gehabt, dass es vielleicht nicht gewollt war, Steuern in Millionenhöhe von der Warburg Bank zurückzufordern. Anders als die Betriebsprüfer hatte deren Vorgesetzte entschieden, keine Rückforderung zu stellen. Warum? Darüber habe es zwischen den Finanzbeamten und -beamtinnen keine Gespräche und Erklärungen mehr gegeben, so die Aussage der 61-Jährigen. Erst nach einer Weisung aus dem Bundesfinanzministerium hat Hamburg 2018 die Steuern von der Bank

zurückgefordert. Nach einem Urteil des Landgerichts Bonn hatte in diesem Sommer auch der Bundesgerichtshof festgestellt, dass Cum-Ex-Geschäfte den Straftatbestand der Steuerhinterziehung erfüllen. [...] Dagegen haben die Warburg Bank und ihre Hauptgesellschafter jetzt Beschwerde beim Bundesverfassungsgericht eingereicht. Das BGH-Urteil solle aufgehoben werden und die Bank wolle nun ihrerseits das zurückgezahlte Geld zurück bekommen.« [30]

28. Oktober 2021. »jungewelt.de«:
»Berlin. Ermittler unter Federführung der Staatsanwaltschaft Köln haben die Zentrale der Sparda-Bank Berlin durchsucht. Dabei geht es um den Verdacht der Steuerhinterziehung im Zusammenhang mit ›Cum-Ex‹- Geschäften zu Lasten der Staatskasse. [...] Die Staatsanwaltschaft Köln teilte auf Anfrage mit, das Ermittlungsverfahren sei Bestandteil des ›Cum-Ex‹-Komplexes und richte sich gegen mehrere Personen wegen des Verdachts der Steuerhinterziehung. [...] Beteiligt an diesen Geschäften war auch die Hamburger Privatbank Warburg unter der Führung von Christian Olearius. Zum Skandal wurde der Vorgang nicht zuletzt, weil herauskam, dass Olearius im Jahr 2016 Hamburgs damaligen Ersten Bürgermeister Olaf Scholz (SPD) zweimal getroffen hatte, im Jahr 2017 noch ein drittes Mal. Zudem gab es ein Telefonat zwischen beiden. Scholz hat sich immer wieder auf Erinnerungslücken berufen. (dpa/jW)« [31]

6. November 2021. »NDR.de«:
»Gut sechseinhalb Stunden lang wurde am Freitag

ein Abteilungsleiter der Finanzbehörde im Parlamentarischen Untersuchungsausschuss zur Hamburger Cum-Ex-Affäre als Zeuge vernommen. Dabei verteidigte er den ursprünglichen Beschluss, von der Warburg Bank mehrere Millionen Euro nicht zurückzufordern. [...] ›Natürlich haben wir uns zum Fall Warburg viele Gedanken gemacht. Aber eine Traditionsbank in die Insolvenz schicken? Das überlegen Sie sich dreimal‹, sagte der Zeuge und schob gleich nach: ›Das heißt aber nicht, dass man Entscheidungen trifft, die nicht rechtmäßig sind.‹ Hamburg wollte nichts zurückfordern, das Bundesfinanzministerium 2017 doch. Die ›Weisung aus Berlin traf uns wie ein Blitz aus heiterem Himmel‹, sagte der 64-jährige Finanzbeamte. Es sei zu einem Gespräch in Berlin gekommen, in einer, wie es der Beamte damals empfand, ›feindseligen Stimmung‹. Im Ausschuss meinte er, ›die Weisung war eine Kriegserklärung‹. Und etwas resigniert: ›Wir sind dann nur ein Werkzeug, das die Weisung durchführen muss‹. [...]
Der Ex-Bundestagsabgeordnete Johannes Kahrs und der ehemalige Innensenator Aflons Pawelczyk (beide SPD) haben mitgeteilt, dass sie von ihrem Auskunftsverweigerungsrecht Gebrauch machen werden - angesichts des gegen sie laufenden Ermittlungsverfahrens der Staatsanwaltschaft Köln. [...]
Noch in diesem Jahr befragt werden sollen unter anderem Staatsanwälte aus Nordrhein-Westfalen, die seit Jahren unter anderem gegen die Hamburger Warburg Bank wegen Cum-Ex-Verdachts ermitteln und 2016 die Bank durchsuchen ließen. Kurz vor Ostern soll dann der Erste Bürgermeister Peter

Tschentscher (SPD) an der Reihe sein.« [32]

18. November 2021. »NDR.de«:
»Die Opposition in der Bürgerschaft wirft dem Senat deshalb schwere Fehler vor. ›Tricksen, täuschen, tarnen‹ - so kommentiert Richard Seelmaecker (CDU) die jüngsten Aktenfunde zu Cum-Ex. Norbert Hackbusch von den Linken sagte, dem Parlamenatarischen Untersuchungsausschuss (PUA) seien Unterlagen vorenthalten worden. [...] Nach Angaben der Senatskanzlei sind vor einigen Wochen aber noch zusätzliche Unterlagen gefunden worden. Die Betriebsprüfer und Betriebsprüferinnen des Finanzamtes hatten zu Beginn der Corona-Pandemie ihre Räume bei der Warburg Bank verlassen und waren ins Homeoffice gewechselt. Als sie jetzt zurückkamen, haben sie in einem verschlossenen Schrank weitere Akten entdeckt.« [33]

30. November 2021. »NDR.de«:
»Es geht um sogenannte Cum-Ex- und Cum-Cum-Geschäfte. Nun räumt der Senat ein, dass es in Hamburg ein Dutzend Verdachtsfälle gibt, es geht um fast eine halbe Milliarde Euro. Es dauere mehrere Jahre, um Cum-Ex- und Cum-Cum-Geschäfte zu bearbeiten, schreibt der Senat in der Antwort auf eine Große Parlamentsanfrage der Linken-Fraktion. Viel zu lange, meint deren finanzpolitischer Sprecher David Stoop. Er befürchtet, dass einige der illegalen Geschäfte verjähren könnten.
Laut Senat werden insgesamt zwölf Verdachtsfälle geprüft. Dafür aber gibt es gerade einmal vier speziell ausgebildete Bankenprüfer für alle in Hamburg ansässigen Banken zusammen. ›Unverantwortlich

und erschütternd‹ nennt das Stoop. Dass es in der Finanzverwaltung zu wenig Personal gibt, sei seit Jahren bekannt. Weder jetzige Erste Bürgermeister Peter Tschentscher noch Finanzsenator Andreas Dressel (beide SPD) hätten daran etwas geändert, so Stoop.« [34]

3. Dezember 2021. »NDR.de«:
»Zum 20. Mal tagt heute der Parlamentarische Untersuchungsausschuss (PUA) zur Cum-Ex-Affäre um die Hamburger Warburg Bank. Als einzige Zeugin ist die Kölner Oberstaatsanwältin Anne Brorhilker geladen. Sie ist Strafverfolgerin in Sachen Cum-Ex in Deutschland. Seit 2013 ermittelt sie in Finanzkreisen, mittlerweile gegen mehr als 1.000 Personen. [...]
Für Brorhilker sei 2021 das Jahr des Durchbruchs im Cum-Ex-Skandal gewesen, schreibt Bloomberg in seiner Begründung. [...] Ihre Behörde lieferte zudem die Erkenntnisse, die schließlich dazu führten, dass Hamburg Steuern in Millionenhöhe von der Warburg Bank zurückforderte.« [35]

13. Dezember 2021. »NDR.de«:
»Der Parlamentarische Untersuchungsausschuss zur Cum-Ex-Affäre tagt in dieser Woche zum letzten Mal in diesem Jahr. 2022 soll dann voraussichtlich noch einmal der ehemalige Hamburger Bürgermeister und jetzige Bundeskanzler Olaf Scholz (SPD) vernommen werden. Dabei steht nach Informationen von NDR 90,3 auch im Raum, dass der gesamte Untersuchungsausschuss dafür nach Berlin reisen muss. Die Hürden sind hoch, Olaf Scholz als Bundeskanzler zu vernehmen. Details dazu sind

in Paragraph 50 der Strafprozessordnung geregelt: Mitglieder der Bundesregierung haben Anspruch darauf, an ihrem Dienstsitz gehört zu werden - in diesem Fall also in Berlin. Außerdem ist die Zustimmung des Kabinetts notwendig.« [36]

17. Dezember 2021. »NDR.de«:
»Vor dem Untersuchungsausschuss zur Cum-Ex-Affäre hat erstmals der Mitinhaber der Warburg Bank, Christian Olearius, seine Sicht schildern lassen.
Olearius erschien am Freitag nicht selbst zur Sitzung, sondern ließ seine Antworten auf die 121 Fragen des Ausschusses von seinem Anwalt Peter Gauweiler verlesen. Gleich zu Beginn gab es heftige Kritik: Ein Großteil der Fragen bezögen sich auf Presseberichte, die wiederum aus Olearius Tagebüchern zitieren. [...] Diese Tagebücher, beziehungsweise Auszüge davon, seien unrechtmäßig aus den Ermittlungsakten an Journalisten weitergegeben worden. [...] Die Warburg Bank habe sich stets gesetzeskonform verhalten, erklärte er. Den damaligen Bürgermeister Olaf Scholz habe er getroffen. Aber da sei es nur darum gegangen, die Situation der Bank zu schildern. Nicht darum, dass Scholz Einfluss auf das Finanzamt nehmen solle. [...] Nach Presseberichten hat zwischenzeitlich auch die Hamburger Staatsanwaltschaft Vorermittlungen gegen den jetzigen Kanzler Olaf Scholz geführt, weil Anzeigen gegen ihn gestellt worden sein sollen. Dieses Verfahren aber ist inzwischen eingestellt - mangels Anfangsverdacht, so eine Sprecherin.« [37]

17. Dezember 2021. »NDR.de«:
»Im Hamburger Rathaus ist der Parlamentarische Untersuchungsausschuss zur Cum-Ex-Affäre um die Warburg Bank am Freitag zum letzten Mal in diesem Jahr zusammengekommen. [...] Zuvor forderten drei ehemalige Bundestagsabgeordnete den Rücktritt von Bürgermeister Peter Tschentscher (SPD). ›Es ist gut belegt, dass Peter Tschentscher Einfluss auf das Steuerverfahren der Cum-Ex-Banker der Warburg Bank genommen hat‹, sagte der ehemalige Bundtagsabgeordnete der Linken, Fabio de Masi. [...] Der war 2016 Finanzsenator, als Hamburg Steuern in Millionenhöhe nicht von Warburg zurückforderte. Dass Tschentscher ein Schreiben von Warburg-Vertretern an seine Mitarbeiterinnen und Mitarbeiter weitergereicht hat, werten die drei Ex-Abgeordneten als politische Einflussnahme. Ein Sprecher von Tschentscher wollte zur Rücktrittsforderung keine Stellungnahme abgeben. Der Bürgermeister hat - wie auch der jetzige Bundeskanzler Olaf Scholz - die Vorwürfe in der Vergangenheit zurückgewiesen.« [38]

18. Dezember 2021. »jungewelt.de«:
»Weitere Details zur Verstrickung führender SPD-Politiker im Zusammenhang mit sogenannten Cum-Ex-Geschäften werden bekannt. Wie die Hamburger Staatsanwaltschaft am Freitag mitteilte, wurden über einen Zeitraum von eineinhalb Jahren Vorermittlungen gegen den amtierenden Bundeskanzler Olaf Scholz (SPD) wegen des Vorwurfs der Untreue geführt. Insgesamt hätten neun Strafanzeigen im Zusammenhang mit Scholz' Rolle im Hamburger

Cum-Ex-Skandal vorgelegen. Drei Wochen vor der Bundestagswahl wurde das Verfahren eingestellt. Allerdings wurde der zuständige parlamentarische Untersuchungsausschuss (PUA) in Hamburg nicht über den Vorgang informiert. Norbert Hackbusch, Obmann der Linksfraktion im Gremium, sieht hierin einen Versuch, die Arbeit des Untersuchungsausschusses zu behindern. [...] Auch Vorwürfe gegen den damaligen Finanzsenator und heutigen Ersten Bürgermeister der Hansestadt Peter Tschentscher (SPD) stehen im Raum. Laut Staatsanwaltschaft sei dieser in die Entscheidung, der Bank das Geld zu lassen, »tatsächlich eingebunden« gewesen.« [39]

21. Dezember 2021. »NDR.de«:
»In der Cum-Ex-Affäre um die Warburg-Bank will der Hamburger Senat weitere Akten an den Untersuchungsausschuss liefern. [...] Der Untersuchungsausschuss hatte bereits vor Monaten beim Senat alle wesentlichen Akten zur Steueraffäre rund um die Warburg-Bank angefordert. [...] Was jedoch nicht dabei war, waren die Akten der Hamburger Staatsanwaltschaft. Die hat aufgrund von Anzeigen geprüft, ob es einen Anfangsverdacht gegen Olaf Scholz und Peter Tschentscher gibt - und das verneint. [...] Auf Anfrage von NDR 90,3 erklärte Tschentscher nun, der Senat habe bereits 20.000 Seiten Akten vorgelegt, allerdings nicht von laufenden Vorgängen. Und man gebe dem Untersuchungsausschuss weitere Tausende Akten zur Kenntnis wenn es nötig sei, so Tschentscher.« [40]

30. Dezember 2021. »NDR.de«:
»Hamburgs früherer Bürgermeister und heutiger

Bundeskanzler Olaf Scholz (SPD) hat wohl von den Vorermittlungen der Staatsanwaltschaft im Cum-Ex-Skandal gewusst. [...] Ein Anwalt von SPD-Politiker Olaf Scholz hatte mehrfach auf die Einstellung des damaligen Verfahrens gedrängt. Das geht nun aus der Antwort des rot-grünen Senats auf eine Kleine Anfrage der CDU-Bürgerschaftsfraktion hervor.
Offiziell war Scholz aber über das inzwischen eingestellte Verfahren gar nicht informiert worden. Gegenüber dem ›Manager Magazin‹ sagte der CDU-Bürgerschaftsabgeordnete Richard Seelmaecker: ›Ich frage mich schon, wie Scholz von den Ermittlungen überhaupt Wind bekommen hat.‹ Offensichtlich, so Seelmaecker, gebe es in der Hamburger Justiz ein Leck.« [41]

31. Dezember 2021. »jungewelt.de«:
»Es kommt hierzulande immer mal wieder vor, dass Politikerlaufbahnen wegen Skandalen abrupt enden. Olaf Scholz (SPD) hingegen schaffte es mit einer extragroßen Portion Dreck am Stecken sogar bis ins Kanzleramt. Immerhin ist er mit ›Cum-Ex‹ und Wirecard in nicht weniger als die beiden größten Finanzskandale der Nachkriegsgeschichte verstrickt. [...]
Doch auch nach der erfolgreichen Wahl zum Kanzler holt Scholz die Vergangenheit ein. Diesmal geht es wieder um den Hamburger ›Cum-Ex‹-Sumpf. Dass sich der damalige Erste Bürgermeister der Hansestadt mehrfach mit dem Oligarchen der Privatbank M.M. Warburg getroffen hatte, unmittelbar bevor die örtlichen Finanzbehörden großzügig auf

eine Steuernachforderung im zweistelligen Millionenbereich gegen das Geldhaus verzichteten, ist längst erwiesen. Scholz musste die Treffen denn auch eingestehen, will sich aber noch immer nicht an die Inhalte erinnern können. Als Bürgermeister treffe man sich schließlich ›mit jedermann‹. Politische Einflussnahme erscheint zwar naheliegend, konnte aber bislang nicht nachgewiesen werden. Nun deutet sich an, dass von Scholz in der Causa ›Cum-Ex‹ nicht nur Druck auf die Finanzbehörden ausging, sondern auch auf die Justiz: Nach Informationen der Nachrichtenagentur *dpa* wollte der heutige Bundeskanzler über im Februar 2020 gegen ihn aufgenommene Vorabermittlungen bis zuletzt nichts gewusst haben. Offiziell darüber informiert worden war er laut Staatsanwaltschaft in der Tat nicht. Doch jetzt geht aus einer Antwort des SPD-Grünen-Senats der Hansestadt auf eine Anfrage der CDU-Bürgerschaftsfraktion hervor, dass sich Scholz' Anwälte mehrfach an die Staatsanwaltschaft gewandt hatten, um eine Einstellung des Verfahrens zu bewirken.

Den Ausführungen des Senats ist laut *dpa*, der das Antwortschreiben vorliegt, zu entnehmen, dass erstmals am 17. März 2021 ein Anwalt des damaligen Bundesfinanzministers und SPD-Kanzlerkandidaten sich an die Staatsanwaltschaft gewandt und sich als dessen Rechtsvertreter ausgegeben hat. Gefordert worden sei die sofortige Einstellung des Verfahrens. Ein unüblicher Vorgang, der vielleicht dem beginnenden Wahlkampf geschuldet ist. Da käme ein Rechtsstreit um die lästige Geschichte aus alten Hamburger Zeiten ja recht ungelegen. Zwei weitere

Male hatten sich Scholz' Rechtsvertreter mit dem gleichen Anliegen an die Justiz der Hansestadt gewandt – am 5. Juli und am 5. August. […] Einen Monat später – am 7. September 2021, drei Wochen vor der Bundestagswahl – wurden die Ermittlungen dann tatsächlich eingestellt. Nach Auffassung der Staatsanwaltschaft hätten ›keine zureichenden tatsächlichen Anhaltspunkte für das Vorliegen einer Straftat bestanden‹.« [42]

6. Januar 2022. »daserste.ndr.de«:
»Bei der Entscheidung, auf eine Millionenforderung an die Privatbank M.M. Warburg zu verzichten, verließ sich die Hamburger Finanzverwaltung nach Aussage eines ehemaligen Abteilungsleiters auch auf einen Fachaufsatz aus dem Lager der potenziellen Cum-Ex-Täter. […] Begründet hatten die Beamten das mit der Sorge, eine Rückforderung werde vor Gericht womöglich nicht standhalten. Grundlage dafür war auch ein Aufsatz des Autors Hartmut Klein, der für Cum-Ex-Mastermind Hanno Berger arbeitete, wie Recherchen von Panorama und ›manager magazin‹ zeigen. […] ›Dr. Hartmut Klein ist nicht irgendwer, sondern Dr. Hartmut Klein hat fast 30 Jahre an der Bundesfinanzakademie unterrichtet. Da sind Tausende von Finanzbeamten durchgelaufen, haben Fortbildung gemacht. Der kann also aufgrund seiner Vita nicht irgendetwas in seine Aufsätze reinschreiben, sondern das muss schon Hand und Fuß haben.‹ […] Der Fachautor Hartmut Klein […] war damals allerdings kein neutraler Experte: Er arbeitete schon seit Jahren für den Steuerberater Hanno Berger, der schon da-

mals als Mastermind hinter den Cum-Ex-Geschäften galt und auch die Warburg-Bank bei ihren Geschäften beraten hatte. [...] Seit Sommer 2021 sitzt Berger deswegen in einer Justizvollzugsanstalt im Schweizer Kanton Graubünden und versucht, seine Auslieferung nach Deutschland mit Klagen zu verhindern.« [43]

10. Januar 2022. »jungewelt.de«:
»Einen Satz hören die Abgeordneten im parlamentarischen Untersuchungsausschuss (PUA) der hamburgischen Bürgerschaft zur »Cum-Ex«-Affäre immer wieder: Eine politische Einflussnahme hat es nicht gegeben. [...] Vom früheren SPD-Bundestagsabgeordneten Kahrs, lange mächtiger Chef der SPD Hamburg-Mitte und ein Sprecher der rechten Parteiströmung »Seeheimer Kreis«, war bereits bekannt, dass er sich für die Bank eingesetzt hat. [...] Als dieser einen Anruf von Olearius bekommen habe, sei Kahrs »sofort bei ihm vorbeigerauscht« und habe »nach seiner Pfeife getanzt«. Der Kontakt von Olearius zu Scholz sei über den Abgeordneten zustande gekommen.
Besonders brisant: 2017 nahm die SPD Hamburg von der Warburg-Bank und ihr verbundenen Unternehmen Spenden in Höhe von 45.500 Euro an. 38. 000 Euro davon flossen an Kahrs' SPD-Kreis Hamburg-Mitte. [...]
Ende Oktober habe sich Warburg-Sprecher Olearius mit Scholz getroffen und ihm eine Verteidigungsschrift präsentiert. Knapp zwei Wochen später habe Scholz wiederum den Banker angerufen und empfohlen, die Schrift an Tschentscher zu schicken. Der

reichte diese dann am 14. November 2016 in die Finanzverwaltung durch. Ergebnis: Drei Tage später wurde entschieden, die 47 Millionen Euro doch nicht zurückzufordern. Übrigens gehört laut *Manager-Magazin* die Hamburger Steuerverwaltung zu den ersten Behörden, in denen ›Cum-Ex‹-Deals aufgedeckt wurden. Man habe versierte Experten für die illegalen Geschäfte in den eigenen Reihen gehabt. Ein besonders kundiger und in Sachen »Cum-Ex« engagierter Referatsleiter sei 2015 aber auf eine Stelle versetzt worden, auf der er mit dem Thema nichts mehr zu tun hat.« [44]

21. Januar 2022. »NDR.de«:
»Der Cum-Ex-Untersuchungsausschuss der Hamburgischen Bürgerschaft hat am Freitag einen weiteren Sachverständigen gehört. Reiner Holznagel, Präsident des Bundes der Steuerzahler, führte den hohen Schaden an, der durch Cum-Ex- und Cum-Cum-Geschäfte entstanden ist.
Für Deutschland gehen Experten und Expertinnen davon aus, dass ein Schaden von 30 Milliarden Euro entstanden ist. ›Das sind keine Peanuts‹, sagte Reiner Holznagel, ›ein Betrag, der jegliche Form von Steuerbetrug in den Schatten stellt‹. 30 Milliarden seien im Vergleich mehr als zum Beispiel der Etat des Bundesgesundheitsministeriums im vorigen Jahr, so der 45-Jährige. [...] Heute erscheine es fast ›wahnsinnig‹, dass viele in Verwaltung und Politik lange Zeit davon ausgingen, dass Cum-Ex-Geschäfte legal seien, so Holznagel.« [45]

5. Februar 2022. »NDR.de«:
»In der Cum-Ex-Affäre um die Hamburger War-

burg-Bank sagten am Freitag im Untersuchungsausschuss Mitarbeitende aus dem Bundesfinanzministerium aus. [...] ›Der Ermittlungsstand war völlig ausreichend‹, sagte Rolf Mühlenbrock, Chef der Steuerabteilung im Bundesfinanzministerium. Die Unterschiede in der Bewertung seien so ungewöhnlich groß gewesen, so Möhlenbrock, dass man in Berlin habe handeln müssen. Sprich, der Bund habe die Weisung geben müssen, dass Hamburg Millionen Euro von der Warburg-Bank zurückfordert. Ein solcher Schritt, eine solche Weisung, sei in den letzten Jahren nur vier oder fünf mal vorgekommen, erklärte Möhlenbrock. Bei gut 600 Finanzämtern in Deutschland und zigtausend Steuerverfahren sei das schon was ganz Besonderes.« [46]

9. Februar 2021. »t-online.de«:
»Bürgermeister Peter Tschentscher soll am 6. Mai vor dem Parlamentarischen Untersuchungsausschuss der Hamburgischen Bürgerschaft (PUA) zum ›Cum-Ex‹-Skandal aussagen. [...] Hintergrund sind Treffen von Tschentschers Vorgänger, dem heutigen Bundeskanzler Olaf Scholz (SPD), mit den Mitinhabern der Bank, Max Warburg und Christian Olearius, in den Jahren 2016 und 2017. [...] Scholz hat bereits vor dem Ausschuss ausgesagt und angegeben, sich an die Treffen mit Warburg und Olearius nicht mehr erinnern zu können, jede Einflussnahme aber ausgeschlossen. Auch Tschentscher hat bereits mehrfach erklärt, dass es keinen politischen Einfluss auf die Entscheidungen des Finanzamtes gegeben habe.« [47]

9. Februar 2022. »tagesschau.de«:
»Wegen Steuerhinterziehung in zwei Fällen muss ein ehemaliger Banker der Privatbank M.M.Warburg für mehrere Jahre ins Gefängnis. Der Verurteilte bezeichnete die Cum-Ex-Geschäfte als ›größten Fehler‹ seines Berufslebens.
Im dritten Strafprozess um den Cum-Ex-Steuerskandal am Landgericht Bonn ist ein ehemaliger Banker der Privatbank M.M.Warburg zu einer Freiheitsstrafe von drei Jahren und sechs Monaten verurteilt worden. [...] Richter Roland Zickler sprach den früheren Risikoanalyst von M.M.Warburg schuldig wegen Steuerhinterziehung in zwei Fällen.« [48]

15. Februar 2022. »Dokumentation« Webseite »DR. JUR. H. C. GERHARD STRATE« Rechtsanwalt Hamburg:
»DR. IUR. H. C. GERHARD STRATE KLAUS-ULRICH VENTZKE RECHTSANWÄLTE [...]
An den Herrn Generalstaatsanwalt [...]
Hamburg, am 15. Februar 2022/gs

Strafanzeige gegen Herrn Olaf Scholz, geb. am 14.06.1958 in Osnabrück, zur Zeit Bundeskanzler der Bundesrepublik Deutschland, Willy-Brandt-Straße 1, 10557 Berlin, und gegen Herrn Dr. Peter Tschentscher, geb. am 20.01.1966 in Bremen, zur Zeit Erster Bürgermeister (Präsident des Senats) der Freien und Hansestadt Hamburg, 20095 Hamburg und weitere Verantwortliche wegen Beihilfe zur Steuerhinterziehung sowie – im Falle des Herrn Scholz – wegen falscher uneidlicher Aussage, strafbar gemäß §§ 370 Abs. 1 Nrn. 1 und 2 AO, 27 StGB

StGB sowie gemäß § 153, 162 Abs. 2 StGB. [...] Eine völlige Erinnerungslosigkeit – wie sie Olaf Scholz für sich in Anspruch nimmt – ist eine Erscheinung, die in der Aussage- und Gedächtnispsychologie nur im Rahmen einer sog. Posttraumatischen Belastungsstörung gelegentlich diagnostiziert wird. Dafür gibt es hier keine Anhaltspunkte. [...]

5. Ich bitte um Mitteilung des Aktenzeichens.

Der Rechtsanwalt.« [49]

17. Februar 2022. »manager-magazin.de«: »Der prominente Strafverteidiger Gerhard Strate hat Anzeige gegen Kanzler Olaf Scholz und Hamburgs Bürgermeister Peter Tschentscher erstattet. Er wirft den SPD-Politikern vor, ihre schützende Hand über die Privatbank Warburg gehalten zu haben. [...] Gerhard Strate (71) spielt gern auf großer Bühne. Ex-Volkswagen-Primus Ferdinand Piëch mandatierte ihn in der Dieselaffäre, für den Finanzunternehmer Carsten Maschmeyer stritt Strate gegen die Bank Sarasin, gegen Dirk Jens Nonnenmacher, einst Chef der Skandalbank HSH Nordbank, stellte er selbst Anzeige.
Nun versucht Strate den mächtigsten Mann im deutschen Staate mit einer Anzeige zu Fall zu bringen: Bundeskanzler Olaf Scholz (63; SPD). Der Kern von Strates Argumentation: Die Entscheidung der Hamburger Finanzverwaltung, im Jahr 2016 auf eine millionenschwere Steuerrückzahlung der Privatbank Warburg zu verzichten, sei ein ›Willkürakt‹ gewesen. Scholz, damals Bürgermeister Hamburgs, und sein Nachfolger Peter Tschentscher (56;

SPD) hätten ihre ›schützende Hand‹ über die Bank gehalten. Die Politiker hätten sich zu ›Gehilfen der Steuerhinterzieher aus der Warburg Bank gemacht‹.
Konkret stellt Strate Anzeige gegen Tschentscher und Scholz wegen Beihilfe zur Steuerhinterziehung, in einem schweren Fall droht hier eine mehrjährige Haftstrafe. Scholz wirft er zudem eine falsche uneidliche Aussage vor, Strafmaß: Gefängnis zwischen drei Monaten bis fünf Jahren. [...]
Auf 38 Seiten mit 44 Fußnoten analysiert der Jurist den Fall – und kritisiert die Hamburger Staatsanwaltschaft, die nach anderthalb Jahren Vorermittlungen im vergangenen September zu dem Schluss gekommen war, dass sich keine zureichenden Verdachtsmomente für Straftaten ergeben hätten.« [50]

22. Februar 2022. »jungewelt.de«:
»Seine Verwicklungen in den Hamburger »Cum-Ex«-Sumpf bringen Bundeskanzler Olaf Scholz immer wieder in Erklärungsnöte. Bislang ließ er alle Vorwürfe routiniert und im Zweifelsfall mit Verweis auf Gedächtnislücken an sich abprallen. Nun holt ihn die Vergangenheit ein weiteres Mal ein, denn der renommierte Rechtsanwalt Gerhard Strate hat gegen Scholz sowie seinen SPD-Parteigenossen Peter Tschentscher, seit 2018 Erster Bürgermeister der Hansestadt, Strafanzeige gestellt.
Glaubwürdig waren Scholz' Ausreden und Ausweichmanöver schon vor den Untersuchungsausschüssen des Deutschen Bundestags und der Hamburger Bürgerschaft nicht. Immerhin wollte er sich an gleich mehrere Treffen und Telefonate aus den

Jahren 2016/17 mit dem Patriarchen der Skandalbank M.M. Warburg, Christian Olearius, nicht mehr erinnern können, während die Unterredungen in dessen Tagebüchern bestens dokumentiert sind. Die Niederschriften, laut denen man sich wegen »Cum-Ex« keine Sorgen machen müsse, passen gut zu der Tatsache, dass die zuständige Steuerbehörde der Hansestadt kurze Zeit später eine Nachforderung in Höhe von 47 Millionen Euro gegen das Geldhaus fallenließ.
Dass hinter der fragwürdigen Entscheidung der Finanzverwaltung zu Warburgs Gunsten politische Einflussnahme von oben steckt, ist naheliegend. Scholz war seinerzeit Erster Bürgermeister der Hansestadt. Er soll Olearius aufgefordert haben, ein Schreiben aufzusetzen, in dem dargelegt wird, warum die Nachforderung die Existenz der Bank bedroht – und dieses an den damaligen Finanzsenator Tschentscher zu adressieren. Nachweisen konnte man Scholz jedoch nichts – und so hat er es mit jeder Menge Dreck am Stecken bis ins Kanzleramt geschafft. [...] Laut der Nachrichtenagentur *dpa*, der das Dokument vorliegt, führt Strate in dem Schreiben aus, dass die Hamburger Finanzverwaltung seinerzeit aufgrund bereits vorliegender Erkenntnisse über die »Cum-Ex«-Geschäfte der Warburg-Bank auf die Rückzahlung der zu Unrecht erstatteten Kapitalertragssteuern nicht hätte verzichten dürfen. Der mit Billigung Tschentschers vorgenommene Millionenverzicht sei keinesfalls eine »knallharte Rechtsentscheidung« gewesen, wie der zuständige Abteilungsleiter der Finanzbehörde, Michael Wagner, Anfang Januar vor dem Untersuchungsaus-

schuss der Hamburger Bürgerschaft argumentiert hatte. Vielmehr sei der Vorgang als »ein Willkürakt – strafrechtlich als Beihilfe zur Steuerhinterziehung« – zu bewerten, schreibt der 71jährige Anwalt weiter.« [51]

5. März 2022. »NDR.de«:
»Im Parlamentarischen Untersuchungsausschuss zur Cum Ex-Steuergeld-Affäre hat am Freitag erneut ein Vertreter der Staatsanwaltschaft Köln als Zeuge ausgesagt. Alexander Fuchs war im Jahr 2016 der zuständige Staatsanwalt für die Ermittlungen gegen die Hamburger Warburg-Bank.
›Zu der Zeit hatten wir keine Kronzeugen, keine Lieferketten-Beweise, nur Indizien‹, stellte Alexander Fuchs am Freitag fest. Obwohl die Ermittlungen gegen die Warburg-Bank noch nicht abgeschlossen waren, fand es der 48-Jährige aber nicht verwunderlich, dass das Hamburger Finanzamt auf die Rückzahlung der an Warburg gezahlten Steuererstattung verzichten wollte. [...] Seine Kollegin, die jetzt für Cum Ex-Verfahren zuständige Staatsanwältin Anne Brorhilker war Ende letzten Jahres bereits als Zeugin im Ausschuss. Sie war der Meinung, dass das Hamburger Finanzamt damals auf gar keinen Fall auf die Rückzahlung der Millionen hätte verzichten dürfen.« [52]

14. März 2022. »ntv.de«:
»Der milliardenschwere ›Cum-Ex‹-Skandal gilt als größter Steuerraub der Geschichte - als Eventserie kommt er ins Fernsehen.
In deutsch-dänischer Koproduktion soll der Achtteiler im ZDF zeigen, wie Finanzakteure jahrelang

große Aktienpakete rund um den Dividenden-Stichtag in einem schwer durchschaubaren System hin und her verschoben haben und sich dann Steuern erstatten ließen, die nie gezahlt wurden, wie die Produktionsfirma mitteilte. Grundlage für die Serie ist das Buch ›Die Cum-Ex-Files‹ des Hamburger Journalisten Oliver Schröm, der zusammen mit einem internationalen Netzwerk investigativer Journalisten den Skandal öffentlich gemacht hatte. [...]
Auch Bundeskanzler Olaf Scholz (SPD) könnte die Serie spannend finden. ›Das ist ja auch in meinem Buch beschrieben, wie ich bei den Recherchen über den damaligen Hamburger Bürgermeister gestolpert bin. Am Anfang konnte ich das gar nicht glauben‹, sagte Schröm. Dann sei es ihm gelungen, an die Tagebücher des Warburg-Bank-Miteigentümers Christian Olearius zu gelangen, die Treffen mit Scholz belegten. [...]
Zusammen mit dem ZDF, dem dänischen öffentlich-rechtlichen Sender DR sowie der dänischen Produktionsfirma True Content Entertainment wird die Serie von X Filme Creative Pool unter Federführung von Michael Polle (›Babylon Berlin‹, ›Furia‹) und Mariella Santibáñez produziert. [...] Der Drehstart ist für Anfang 2023 geplant.« [53]

16. März 2022. »welt.de«:
»Die Hamburger Staatsanwaltschaft hat die Anzeige von Staranwalt Gerhard Strate wegen Falschaussage und Beihilfe zur Steuerhinterziehung gegen Scholz zu den Akten gelegt. Für Strate ›eine Zumutung‹.
Vier Seiten ist das Schreiben der Staatsanwaltschaft

lang, unterzeichnet mit groß geschwungener Unterschrift der zuständigen Oberstaatsanwältin. Vier Seiten, in denen die Hamburger Staatsanwältin begründet, warum ihre Behörde davon absieht, ein Ermittlungsverfahren gegen Bundeskanzler Olaf Scholz und den Hamburger Bürgermeister Peter Tschentscher (beide SPD) einzuleiten. [...] Strate hat das Schreiben der Staatsanwaltschaft auf der Webseite seiner Kanzlei veröffentlicht. ›So kann sich jeder Bürger selbst ein Bild davon machen, mit welchem Wohlwollen die Staatsanwaltschaft die fehlenden Erinnerungsleistungen des ehemaligen Bürgermeisters Olaf Scholz beurteilt‹, schreibt der Anwalt, der unter anderem den Prozess gegen die ehemaligen Vorstände der HSH-Nordbank ins Rollen brachte, in einer eigenen Stellungnahme. Die Staatsanwaltschaft habe ›dafür den Segen der Stadtregierung, aber nicht den der denkenden und immer noch urteilskräftigen Bürger‹, so Strate weiter. [...] Strate hatte nach eigener Aussage gehofft, die Hamburger Staatsanwaltschaft würde die Anzeige nach Köln weiterleiten, wo viele Ermittlungen gegen die Drahtzieher der Cum-Ex-Geschäfte zusammenlaufen.« [54]

14. März 2022. »Dokumentation« Webseite »DR. JUR. H. C. GERHARD STRATE« Rechtsanwalt Hamburg:

»Staatsanwaltschaft Hamburg [...]
Herrn »Dr. iur. h.c. Gerhard Strate«
Hamburg, den 14.03.2022 [...]
»Ihre Strafanzeige gegen Herrn Olaf Scholz, Peter Tschentscher und weitere Verantwortliche.

Vorwurf: Beihilfe zur Steuerhinterziehung u. a.
Ihre Anzeige vom 15.02.2022

Sehr geehrter Herr Dr. jur. h.c. Strate,

im Hinblick auf Ihre Anzeige wurde gemäß § 152 Abs. 2 der Strafprozessordnung (StPO) davon abgesehen, ein Ermittlungsverfahren einzuleiten. [...] Auf die bloß subjektive Annahme der Falschheit einer Aussage lässt sich ein Anfangsverdacht nicht stützen.« [55]

14. März 2022. »Dokumentation« Webseite »DR. JUR. H. C. GERHARD STRATE« Rechtsanwalt Hamburg:
»Stellungnahme zu dem Bescheid der Staatsanwaltschaft Hamburg vom 14. März 2022
Heute erreichte mich der Bescheid der Staatsanwaltschaft Hamburg, mit dem mir mitgeteilt wird, auf die am 15. Februar 2022 eingereichte Strafanzeige werde kein Ermittlungsverfahren eingeleitet, da keine zureichenden Anhaltspunkte für eine Straftat vorlägen. [...]
Dem Umstand, dass die Staatsanwaltschaft die Einleitung eines Ermittlungsverfahrens ablehnt, ist es zu verdanken, dass ich ohne Verstoß gegen die Vorschrift des § 353d Nr.3 StGB den Bescheid der Staatsanwaltschaft vom 14. März 2022 veröffentlichen kann. So kann sich jeder Bürger selbst ein Bild davon machen, mit welchem Wohlwollen die Staatsanwaltschaft die fehlenden Erinnerungsleistungen des ehemaligen Bürgermeisters Olaf Scholz beurteilt. Sie hat dafür den Segen der Stadtregierung, aber nicht den der denkenden und immer noch ur-

teilskräftigen Bürger.
Für diese sind die Falschaussagen des Olaf Scholz vor dem Untersuchungsausschuss eine Zumutung. Gleiches gilt für die ihn mit diesem Bescheid salvierende Staatsanwaltschaft Hamburg.

Hamburg, am 15. März 2022

Gerhard Strate« [56]

22. März 2022. »Dokumentation« Webseite »DR. JUR. H. C. GERHARD STRATE« Rechtsanwalt Hamburg:
»An die Staatsanwaltschaft Hamburg […]
Hamburg, am 22.3.2022/gs
Aktenzeichen: 5700 Js 3/22

Sehr geehrte Damen und Herren, für Ihren Bescheid vom 14.03.2022 bedanke ich mich. Hiergegen erheben ich Beschwerde im Rahmen der sachlichen Dienstaufsicht. […]
Da die Haupttat zum Zeitpunkt der am 17.11.2016 noch nicht beendet war, kann weiterhin mit Fug und Recht festgestellt werden: Indem die Entscheider vom 17.11.2016 und der Finanzsenator sehenden Auges alle auf der Hand liegenden und ihnen bekannten Fakten ignorierten, welche kriminelle Cum-Ex-Geschäfte und den Verdacht der Steuerhinterziehung durch die Verantwortlichen der Warburg Bank nahelegten, sie stattdessen nichts unternahmen, sie sogar eine Steuerforderung in Höhe von ca. 47 Mio. verjähren[6] ließen, macht sie zu Gehilfen der Steuerhinterzieher aus der Warburg Bank. Sie haben sich – im Sprachgebrauch der BGH

-Entscheidung vom 01.08. 2000 – die Förderung dieser Taten ›angelegen sein lassen‹. [...]
3. Ich beantrage, ein Ermittlungsverfahren gegen die Beschuldigten einzuleiten.

Mit freundlichen Grüßen

(Dr. iur. h.c. Gerhard Strate.« [57]

24. März 2022. »jungewelt.de«:
»Hanno Berger ist zurück in der deutschen Heimat. Nach zehn ruhigen Jahren im Schweizer Exil, zuletzt allerdings auch dort hinter Gittern, haben die Eidgenossen den König der Steuerdiebe an die BRD-Justiz ausgeliefert. Berger gilt als Schlüsselfigur des »Cum-Ex«-Skandals, als der Architekt des kriminellen Netzwerks, das insbesondere zwischen 2006 und 2012 die Steuerkassen Deutschlands und anderer EU-Staaten um Milliarden erleichtert hat. Am 4. April beginnt vor dem Landgericht Bonn der erste Prozess gegen Berger. [...]
Wenig begeistert von der öffentlichen Aufmerksamkeit für Berger dürfte die FDP sein. Denn zuletzt hatten *WDR*-Recherchen eine Nähe zwischen dem Steuerdieb und prominenten Parteivertretern dokumentiert, die das Zeug dazu hat, die Liberalen mit in den »Cum-Ex«-Sumpf zu ziehen. So zeigen die Unterlagen etwa, dass Berger sich im September 2008 in Wiesbaden mit dem damaligen FDP-Finanzpolitiker Hermann Otto Solms getroffen hat. Zu jener Zeit wollte die »Groko« ausländische Stiftungen deutscher Staatsbürger strenger besteuern – auch rückwirkend. Ein Vorhaben, das Berger und den Milliardären, für die er die Steuerlast zu mini-

mieren pflegt, missfiel. [...]
Wie *Tagesschau. de* am Montag berichtete, hielt Solms' Büro Berger zum weiteren Verlauf des Gesetzgebungsprozesses regelmäßig auf dem laufenden. Im November ließ ein Solms-Mitarbeiter Berger wissen, er habe Kontakt zu einem Landeswirtschaftsminister, der versuche, den Finanzminister einzubinden. »Vielleicht klappt ja was«. Hat geklappt. Letztlich wurden die geplanten Änderungen am Außensteuergesetz nicht rückwirkend eingeführt. [...] Letztlich dauerte es noch drei Jahre, bis die Politik nennenswerte Maßnahmen gegen »Cum-Ex« ergriff. Auch die heutige Parteiführung steckt mit drin: So lernte Berger bei einem »ausgelassenen Abend« in der großbürgerlichen »Villa Bonn« im Mai 2012 den damaligen Landeschef der nordrhein-westfälischen FDP, Christian Lindner, kennen. Fotos dokumentieren, dass die beiden sich gut verstanden.« [58]

25. März 2022. »NDR.de«:
»Zentraler Zeuge der Sitzung (des Untersuchungsausschusses der Bürgerschaft) am Freitag war der Schatzmeister der Landes-SPD, Christian Bernzen. Es geht um drei Spenden an die SPD im Bezirk Hamburg-Mitte im Jahr 2017 mit einer Gesamthöhe von 38.000 Euro. Damaliger SPD-Chef in Mitte war Johannes Kahrs. Der hatte sich mehrfach mit Vertretern der Warburg Bank getroffen. Gegen Christian Olearius liefen damals wegen der Cum-Ex-Geschäfte schon Ermittlungen wegen schwerer Steuerhinterziehung. Auch Kahrs ist inzwischen im Visier der Staatsanwaltschaft. Dabei geht es um

eben diese Spenden von Warburg-nahen Firmen. ›Dass die Spender zur Warburg-Gruppe gehörten, das wussten wir damals nicht‹, erklärte SPD-Schatzmeister Bernzen am Freitag als Zeuge. Das habe man erst vor zwei Jahren nach einem Hinweis aus der Bundes-SPD erfahren. Man lehne Spenden über 2.000 Euro dann ab, wenn sie von Rüstungsunternehmen kommen oder eine ›zu große Nähe zum Verwaltungsbereich besteht‹. [...] Beides sah die SPD Mitte hier nicht und nahm die Spenden an. Und: Der Landesvorstand habe nicht extra geprüft und ebenfalls zugestimmt, sagte Bernzen. ›Was sich ein Spender bei seiner Spende denkt, das können wir ja auch nicht erfassen‹, so der Schatzmeister der SPD.« [59]

4. April 2022. »hessenschau.de«:
»Der hessische Anwalt Hanno Berger gilt als Architekt der sogenannten ›Cum-Ex‹-Deals, mit denen Banker den Fiskus um Milliarden betrogen haben. Nun steht er in Bonn vor Gericht. In wenigen Tagen startet in Wiesbaden gleich der nächste Prozess gegen ihn. [...] Der 71-Jährige hatte sich 2012 in die Schweiz abgesetzt, im Februar 2022 war er an Deutschland ausgeliefert worden. [...] In dem Bonner Strafprozess werden Berger drei Fälle besonders schwerer Steuerhinterziehung im Zeitraum zwischen 2007 und 2013 vorgeworfen. Der Angeklagte soll die Privatbank M.M. Warburg zur Aufnahme von ›Cum-Ex‹-Geschäften bewogen und maßgeblich geholfen haben, die nötigen Strukturen einzurichten. [...] Der Jurist war früher als Bankenprüfer für die hessische Steuerverwaltung tätig, spä-

ter wechselte er den Vorwürfen zufolge gewissermaßen die Seiten und beriet Banken und Investoren bei der Konstruktion der ›Cum-Ex‹-Geschäfte. [...] Bisher gab es drei Urteile gegen ›Cum-Ex‹-Akteure, die allesamt Schuldsprüche waren.« [60]

8. April 2022. »NDR.de«:
»Mit Spannung war im Parlamentarischen Untersuchungsausschuss (8.4.2022) zur Cum-Ex-Affäre Hamburgs Finanzsenator Andreas Dressel (SPD) als Zeuge erwartet worden. Doch er kam nicht – wegen einer Knieverletzung. Er habe sich auf dem Weg nach Hause bei einem Sturz die Kniescheibe gebrochen, twitterte Dressel am Morgen. [...] Im Untersuchungsausschuss geht man davon aus, dass Dressel Ende April gehört werden kann. [...] Auf jeden Fall will man den jetzigen Finanzsenator Dressel vor dem früheren Finanzsenator und jetzigen Bürgermeister Peter Tschentscher (SPD) zu den Vorgängen zwischen den Finanzbehörden und der Warburg Bank befragen. Tschentschers Zeugenvernehmung ist für den 6. Mai angesetzt. [...] Noch vor der Sommerpause könnte dann auch Bundeskanzler Olaf Scholz (SPD) zu einer zweiten Befragung im Untersuchungsausschuss nach Hamburg kommen. [...]
Zwei andere Zeugen wurden am Freitag im Untersuchungsausschuss befragt: ein ehemaliger Referatsleiter in der Finanzbehörde und ein Mitarbeiter der Warburg Bank.« [61]

29. April 2022. »NDR.de«:
»Mit Krücken kam Hamburgs Finanzsenator Andreas Dressel (SPD) am Freitag zu seiner Zeugen-

vernehmung im Parlamentarischen Untersuchungsausschuss zur Cum-Ex-Affäre um die Warburg Bank. [...]
Dressel antwortete zum Teil sehr ausschweifend. Kaum eine kurze, klare Antwort. Aber immer wieder kam der Satz ›Wir setzen alle Hebel in Bewegung, dass jeder Euro, sogar jeder Cent zurückgeholt wird‹. [...] Die Entscheidung der Finanzverwaltung 2016 und 2017, Steuerrückforderungen gegen die Warburg Bank zunächst verjähren zu lassen, das sei für ihn, mit dem, was man damals über die Cum -Ex-Geschäfte wusste, nachvollziehbar. Erst strafrechtliche Verfahren hätten da Klarheit gebracht. Aber Möglichkeiten wie Kronzeugenaussagen gebe es nur dort und nicht in steuerrechtlichen Verfahren, so Dressel. Gerade am Freitag hat das Bundesverfassungsgericht in einem Cum-Ex-Verfahren bestätigt, dass 176,5 Millionen Euro bei der Warburg Bank zu Recht eingezogen worden waren.« [62]

4. Mai 2022. »NDR.de«:
»Finanzsenator Andreas Dressel (SPD) bekommt wegen seiner Aussagen zur Cum-Ex-Affäre Gegenwind. Dabei geht es um ein Treffen zwischen Dressel und dem Miteigentümer der Warburg Bank, Christian Olearius. Die Anwälte von Olearius widersprechen nun Dressels Darstellung. [...] Olearius' Anwälte sagen jetzt: Dressels Version sei nicht mit dem zu vereinbaren, was im Tagebuch von Olearius stehe. Sie erinnern daran, dass Dressel als Zeuge nur die Wahrheit sagen dürfe. Der Finanzsenator wiederum sieht keinen Widerspruch - und erklärte bei der Landespressekonferenz, er bleibe bei seiner

Version. [...]
Auf Nachfrage, ob er persönlich strafrechtliche Konsequenzen fürchte, sagte Dressel: ›Das ist nicht meine Baustelle‹. Bislang habe Warburg bei allen rechtlichen Auseinandersetzungen krachend verloren.« [63]

7. Mai 2022. »NDR.de«:
»Hat Hamburgs Erster Bürgermeister Peter Tschentscher (SPD) im Jahr 2016 als Finanzsenator Einfluss darauf genommen, wie die Warburg Bank im Cum Ex-Verfahren steuerlich behandelt wird? ›Auf gar keinen Fall‹, stellte er am Freitag in seiner stundenlangen Vernehmung als Zeuge im Parlamentarischen Untersuchungsausschuss klar. [...] 2016 wurde gegen das Unternehmen wegen möglicher illegaler Cum-Ex-Geschäfte ermittelt. Tschentscher war damals Finanzsenator, Olaf Scholz Erster Bürgermeister. Manager der Bank trafen sich mit Scholz, schilderten ihre Sicht der Dinge. Auch in einem Schreiben, das auf dem Schreibtisch von Tschentscher landete. Wenig später verzichtete Hamburg zunächst darauf, Steuern in Millionenhöhe von Warburg zurückzufordern. Aber dass er oder Scholz diese Entscheidung beeinflusst hätten - so ein Vorwurf sei völlig haltlos, sagte Tschentscher. Er könne sich zwar nicht an jedes Gespräch mit Scholz erinnern - aber an so etwas würde er sich erinnern. [...] Erst als später die Weisung vom Bundesfinanzministerium aus Berlin kam, die Steuern zurückzufordern, ›da wurde mir klar, upps, man kann die Sache ja auch ganz anders sehen‹, so Tschentscher. [...]

Derweil wurde gegen Tschentscher im Zusammenhang mit der Cum-Ex-Affäre erneut Strafanzeige gestellt. Ein Sprecher der Staatsanwaltschaft Köln sagte der Nachrichtenagentur dpa, derzeit werde geprüft, ob ein hinreichender Anfangsverdacht vorliege, um ein Ermittlungsverfahren einzuleiten. Erstatter der Anzeige ist nach dpa-Informationen der Hamburger Strafrechtler Gerhard Strate. Er hatte bereits im Februar Strafanzeigen gegen Tschentscher und Scholz bei der Hamburger Staatsanwaltschaft gestellt - unter anderem wegen Beihilfe zur Steuerhinterziehung. Die Hamburger Staatsanwaltschaft hatte mangels Anfangsverdachts keine Ermittlungsverfahren eingeleitet.« [64]

13. Mai 2022. »tagesschau.de«:
»Die Deutsche Parlamentarische Gesellschaft ist ein exklusiver Verein. Wer im ›Club der Abgeordneten‹ im prunkvollen Ambiente des einstigen Reichspräsidentenpalais in Berlin speisen möchte, sollte Mitglied des Deutschen Bundestages, eines Landtags, des Bundesrates, der Bundesregierung oder der Regierung eines Bundeslandes sein. Am Morgen des 2. April 2019 nutzen zwei Clubmitglieder diesen geschützten Raum für ein vertrauliches Frühstück: Johannes Kahrs, damals haushaltspolitischer Sprecher der SPD im Bundestag sowie der damalige Staatssekretär des Bundesfinanzministeriums, Jörg Kukies. Die PG, wie Abgeordnete sie nennen, schien der perfekte Ort, um sich über Haushalts- und Finanzthemen auszutauschen. Doch zu der Frühstücksrunde gesellte sich an diesem Morgen ein weiterer Gast, der hier sonst kein

Mitglied ist: der Hamburger Privatbankier Christian Olearius. Der Eigner der Traditionsbank MM Warburg hatte sich am frühen Morgen ins Auto gesetzt, um dem Treffen beizuwohnen. Er war in einer misslichen Lage. Olearius zählte schon damals zu den Beschuldigten im größten deutschen Steuerskandal - Cum-Ex. [...] Er hatte Redebedarf und wollte offenbar, beim Frühstück Staatssekretär Kukies von seiner Sicht überzeugen. [...] Dass es dieses Frühstück mit brisantem Inhalt überhaupt gegeben hat, wurde im vergangenen Sommer durch eine Kleine Anfrage der Linkspartei öffentlich und sorgte im Bundestagswahlkampf für Unruhe. Schließlich war es der Staatssekretär des Finanzministers und SPD-Kanzlerkandidaten Olaf Scholz, der sich mit dem beschuldigten Warburg-Banker austauschte, zu einem Zeitpunkt, als die Cum-Ex-Ermittlungen gegen Warburg und Olearius längst bekannt waren. [...] Bislang unbekannte Unterlagen, die dem *WDR* vorliegen, bringen nun weitere Details zu dem Frühstückstermin ans Licht. Die Online-Plattform ›Frag den Staat‹ hatte nach dem Informationsfreiheitsgesetz sämtliche Informationen zu dem Treffen zwischen Kukies, Kahrs und Olearius angefordert und dem *WDR* zur Verfügung gestellt. Zumindest auf dem Papier liest es sich nun jedenfalls so, als sei Kukies unwissend in das Treffen gelockt worden. [...] Kahrs ließ mehrere Anfragen zu dem Frühstück unbeantwortet. Auch das Bundesfinanzministerium ging auf den Hergang des Termins nicht ein und verwies auf die Antwort auf die Kleine Anfrage. Kukies, der inzwischen zum Staatssekretär im Bundeskanzleramt und Top-Berater von Kanzler Scholz

aufgestiegen ist, ließ sich ebenfalls nicht zu dem Frühstück ein.
Privatbanker Olearius hingegen hat offenbar eine ganz andere Erinnerung. Über seinen Anwalt Peter Gauweiler lässt er mitteilen, er hätte sich niemals am frühen Morgen in sein Auto gesetzt, wenn nicht vollkommen klar gewesen wäre, dass Kukies ihn empfange. ›Der Staatssekretär war entsprechend auch überhaupt nicht überrascht, dass Herr Olearius zugegen war. Es gab keine einzige Bemerkung von Kukies, dass er nicht informiert gewesen sei‹, schildert Gauweiler die Erinnerungen seines Mandanten. [...] Das Treffen im exklusiven Kreise ist umso bemerkenswerter, als dass Kukies dem Hamburger Bankier nur wenige Monate zuvor schriftlich eine harsche Absage erteilt hatte. [...] Eigentlich hätte der Vorgang hier beendet sein können. Doch offenbar brachte Kahrs den Banker Olearius mit dem Frühstück erneut ins Spiel. Geholfen hat es nach Darstellung des Bundesfinanzministeriums in der Antwort auf die Kleine Anfrage der Linken jedoch nicht. Staatssekretär Kukies habe auch bei dem Frühstück erneut bekräftigt, dass er die Einschätzung von Olearius nicht teile. [65]

20. Mai 2022. »NDR.de«:
»Haben Hamburgs Erster Bürgermeister Peter Tschentscher (SPD) und Finanzsenator Andreas Dressel (SPD) im Cum-Ex-Untersuchungsausschuss nicht die Wahrheit gesagt? Das zumindest meinen die Anwälte der Warburg-Eigentümer. Sie wollen den Bürgermeister ein zweites Mal als Zeuge hören. Falsch und irreführend - so nennen

die Anwälte von Max Warburg und Christian Olearius einige Aussagen von Finanzsenator Andreas Dressel im Zeugenstand. Dressel hatte gesagt, er habe sich bei seinem Amtsantritt nur einmal mit Olearius getroffen. Gegen den liefen damals schon Ermittlungen wegen illegaler Cum-Ex-Geschäfte. Und: Dressel will Warburg-Vertretern klargemacht haben, was er von diesen Geschäften hält - nämlich nichts. Hier hat Dressel die Unwahrheit gesagt, meinen nun die Anwälte - und präsentieren als Beweis Auszüge aus einem Tagebuch. [...] Bürgermeister Peter Tschentscher werfen sie unter anderem vor, dass unter seiner Ägide nicht genug gegen illegale Cum-Ex-Geschäfte bei der damaligen HSH Nordbank vorgegangen worden sei. Für Sarah Timmann von der SPD ist der Vorstoß der Warburg-Anwälte ein Ablenkungsversuch.« [66]

3. Juni 2022. »NDR.de«:
»Am Freitag tagt in der Hamburgischen Bürgerschaft der Untersuchungsausschuss zur Cum-Ex-Affäre bereits zum 32. Mal. Im Mittelpunkt: Die Hamburger Warburg Bank und ihre illegalen Geschäfte. Nun aber stellen die Anwälte der Bank-Mitinhaber Bedingungen dafür, dass sie den Ausschuss weiter unterstützen.
Wegen des Steuergeheimnisses dürften die meisten Zeugen und Zeuginnen im Untersuchungsausschuss eigentlich kaum etwas zur Warburg-Affäre sagen. Ansonsten würden sie sich strafbar machen. Bislang aber haben die Bank und die Mitinhaber Max Warburg und Christian Olearius regelmäßig auf das Steuergeheimnis verzichtet. Das aber könne

man in Zukunft ›nur schwerlich aufrechterhalten‹, so die Anwälte der beiden Banker. [...] Ihre Begründung: Der Ausschuss kümmere sich zu wenig um Cum-Ex-Fälle bei der HSH-Nordbank, der früheren Landesbank von Hamburg und Schleswig-Holstein.« [67]

17. Juni 2022. »NDR.de«:
»Scholz soll erneut vor Hamburger Cum-Ex-Ausschuss aussagen. [...]
Für seine zweite Aussage ist nun der 19. August dieses Jahres geplant. [...] Die SPD erwartet, dass nach der zweiten Anhörung von Scholz ein Schlussstrich gezogen werden kann. [...] Farid Müller von den Grünen hofft dagegen, dass sich der Kanzler inzwischen doch noch an einiges erinnert. Die CDU will von Scholz wissen, warum auch andere Cum-Ex-Fälle wie die bei der HSH Nordbank nicht aufgeklärt wurden. Viele frühere Aussagen von Scholz hätten sich inzwischen als falsch herausgestellt, meint Norbert Hackbusch von der Linken. Zum Beispiel, dass es eine klare Trennung gibt zwischen Politik und den Finanzämtern.« [68]

1. Juli 2022. »NDR.de, Hamburg Journal«:
»Der Parlamentarische Untersuchungsausschuss (PUA) der Hamburgischen Bürgerschaft zur Cum-Ex-Affäre um die Warburg Bank könnte sehr viel länger dauern als bisher angenommen. [...] Geplanter Höhepunkt: die erneute Zeugenvernehmung von Bundeskanzler Olaf Scholz am 19. August. Ob der PUA seine Arbeit noch in diesem Jahr abschließen wird, ist zurzeit fraglich.« [69]

6. Juli 2022. »NDR.de«:
»Gegen den Miteigentümer der Hamburger Privatbank Warburg, Christian Olearius, hat die Staatsanwaltschaft Köln Anklage erhoben. [...] CDU und Linke erhoffen sich nun neue Erkenntnisse: Christian Olearius hat nun nichts mehr zu verlieren, sagt Richard Seelmaecker, Obmann der CDU im Parlamentarischen Untersuchungsausschuss. [...] Norbert Hackbusch von den Linken hofft darauf, dass sich Olearius nun in einem möglichen Prozess auch zu den Gesprächen mit Scholz äußert. Milan Pein von der SPD rechnet dagegen nicht mit Auswirkungen auf den Untersuchungsausschuss.« [70]

28. Juli 2022. »tagesschau.de«:
»Es sind wenige Worte, kurze Chat-Nachrichten, die eine Wendung in einem Hamburger Politkrimi bringen könnten. Es geht um die Hamburger Privatbank MM Warburg, ihre illegalen Cum-Ex-Geschäfte und um die Frage, ob sich Hamburger Beamtinnen und Politiker schützend vor die Bank stellten, als das Traditionshaus seine Beute 2016 zurückzahlen sollte. Bislang beteuerten alle Verantwortlichen, eine Einflussnahme auf das Steuerverfahren der MM Warburg habe es nie gegeben. [...] Vor allem der WhatsApp-Chatverlauf einer Hamburger Finanzbeamtin wirft Fragen auf [...]. Der brisante Chat stammt aus Daniela P.s Handy. Am 17. November 2016 schrieb sie einer Vertrauten. Das war wenige Stunden, nachdem sich die Finanzbehörden überraschend dazu entschieden hatten, auf die 47 Millionen Euro aus Cum-Ex-Geschäften zu verzichten. Um 15.20 Uhr drückte Beamtin P. auf ›sen-

den‹. Ihr teuflischer Plan, schreibt sie, sei aufgegangen. Ihre Freundin aus der Hamburger Finanzbehörde fragt 18 Minuten später nach, ob man verjähren lasse. Daniela P. bejahte dies - wenn nichts dazwischen komme. [...] Der Chatverlauf legt nahe, dass weitere Stellen der Hamburger Finanzverwaltung mitgewirkt haben könnten - oder zumindest davon wussten: Ihr Plan, schrieb die Beamtin weiter, sei mit freundlicher Unterstützung von *S I* und zur großen Freude von *5* aufgegangen. [...] *S I* bezeichnet innerhalb der Hamburger Finanzverwaltung eine Leitungsfunktion. Die *5* wiederum dürfte für das ›Amt 5‹ der Finanzbehörde stehen, also die Steuerverwaltung, die direkt dem damaligen Finanzsenator Peter Tschentscher unterstand, dem heutigen Ersten Bürgermeister der Freien und Hansestadt. [...] Daniela P. erklärte gegenüber dem *WDR*, sie werde sich zu den Textnachrichten nicht äußern. [...]
Doch allen Bekundungen zum Trotz, die WhatsApp-Nachrichten fügen sich wie Puzzlesteine in die bereits bekannten Abläufe. Denn anfänglich sah es so aus, als ob Finanzbeamtin P. und ihre Vorgesetzte die Gelder zurückfordern wollten. So schrieben sie es in einem 29-seitigen Bericht am 5. Oktober 2016 an die Finanzbehörde nieder. Nur wenige Wochen später verzichteten Daniela P. und ihre Vorgesetzten dann doch auf die Rückforderung. Was war geschehen?
Privatbankier Christian Olearius jedenfalls ließ seine politischen Drähte in der Hansestadt glühen. Kein Geringerer als der damalige Erste Bürgermeister Olaf Scholz empfing Olearius und den Miteigner

der Bank, Max Warburg, am 26. Oktober 2016 allein in seinem Amtszimmer. Später sagte Scholz vor dem Untersuchungsausschuss, dass er sich an die Inhalte des Sechs-Augen-Gesprächs nicht erinnere. [...] Am 9. November 2016 wurde Olaf Scholz doch aktiv. Der Bürgermeister rief Olearius offenbar an, so dokumentierte der es in seinem Tagebuch. Es sei um das Schreiben gegangen. Scholz soll geraten haben, das Schreiben direkt an Finanzsenator Peter Tschentscher zu schicken. Olearius habe laut Tagebuch keine Fragen gestellt, sondern - wie von Scholz empfohlen - das Schreiben an den damaligen Finanzsenator schicken lassen. [...] Tschentscher wiederum empfing zwei Tage später die Chefin von Daniela P., die Leiterin des Finanzamtes für Großunternehmen, in seinem Amtszimmer. Laut Kalendereintrag dauerte das Gespräch 30 Minuten. Ob es um Cum-Ex und die Warburg-Bank ging, sei nicht dokumentiert, heißt es später aus der Finanzbehörde. Fest steht: Tschentscher leitete den Olearius-Brief seinerseits am 14. November 2016 an P. als zuständige Finanzbeamtin weiter. Mit seiner grünen Ministertinte vermerkte er eine ›Bitte um Informationen zum Sachstand‹. Am 17. November 2016 kam es zur entscheidenden Sitzung. Anwesend waren laut Kalendereintrag Daniela P., ihre Chefin sowie weitere Verantwortliche der Finanzbehörde. Plötzlich forderten die Verantwortlichen das Geld nicht mehr zurück. Am gleichen Tag schrieb Daniela P. die nun durch die Ermittlungen aufgetauchten WhatsApp-Nachricht, nach denen ihr teuflischer Plan aufgegangen sei. Das Finanzamt sah die Ansprüche aus 2009, rund 47 Millionen Euro, offenbar steuerlich als verjährt an. [...] Neben dem brisanten Chat treibt die Ermittler nach Informationen des *WDR* ein weiterer Verdacht um. Die Suche in den beschlagnahmten E-Mail-Postfächern einiger Beteiligter brachte eine derartige Leere zum Vorschein, dass die Fahnder der Frage nachgehen, ob belastende Kommunikation in der Hamburger Finanzverwaltung gezielt gelöscht worden sein könnte. Während in den Outlook-Kalendern zahlreiche Termine mit Cum-Ex-Bezug zu finden waren, fand sich kaum eine E-Mail mit Bezug zu dem Steuerskandal. Das ist eine weitere von vielen Ungereimtheiten.« [71]

29. Juli 2022. »hamburg.de«:

»Hamburg (dpa/lno) - Die CDU in der Hamburgischen Bürgerschaft will die für Mitte August geplante Aussage von Bundeskanzler Olaf Scholz (SPD) vor dem Parlamentarischen Untersuchungsausschuss (PUA) zum ›Cum-Ex‹-Skandal absagen. ›Wir werden beantragen, die Vernehmung des Bundeskanzlers am 19. August abzuladen‹, sagte der Sprecher der Fraktion im Ausschuss, Götz Wiese, am Freitag. Zunächst müssten weitere Unterlagen der Staatsanwaltschaft Köln gesichtet werden. Hintergrund sind Medienberichte über angeblich neue Erkenntnisse der Ermittler im Zusammenhang mit der steuerlichen Behandlung der in den Skandal verwickelten Hamburger Warburg Bank.« [72]

5. August 2022. »NDR.de«:

»Im Zusammenhang mit der Cum-Ex-Affäre um die Hamburger Warburg Bank hatten Whatsapp-Nachrichten einer Finanzbeamtin vorige Woche für Auf-

regung gesorgt. Diese Nachrichten liegen jetzt auch dem Parlamentarischen Untersuchungsausschuss (PUA) vor. [...]
Insgesamt hat die Kölner Staatsanwaltschaft 140 Seiten Bericht an die PUA-Abgeordneten geschickt. Darin sollen sich die Ermittler auch beklagt haben, dass offenbar massiv Mails zum Thema Cum-Ex in der Finanzbehörde gelöscht wurden. [...] Diesen Verdacht hatte auch die Opposition im PUA immer wieder geäußert. Sie hätte auch gern die nächsten Sitzungen verschoben, um erstmal alle 140 Seiten in Ruhe durchzuarbeiten. Das wurde abgelehnt. Jetzt trifft man sich - wie geplant - kommenden Dienstag das erste Mal nach der Sommerpause wieder im Rathaus. In zwei Wochen soll dann Bundeskanzler Olaf Scholz (SPD) ein zweites Mal als Zeuge gehört werden.« [73]

8. August 2022. »NDR.de«:
»Am Wochenende ist bekannt geworden: Im Bankschließfach des früheren Hamburger SPD-Politikers Johannes Kahrs wurden mehr als 200.000 Euro in bar entdeckt. [...] Ob das Bargeld in dem Schließfach mit Cum-Ex zusammenhängt, ist aber vollkommen unklar. [...] Exakt 214.800 Euro und dann noch 2.400 US-Dollar. Norbert Hackbusch, Obmann der Linksfraktion im Cum-Ex-Untersuchungsausschuss, sieht darin einen ›verdächtigen Bargeldfund‹. [...] Er sei fassungslos, meint AfD-Fraktionschef Alexander Wolf. CDU-Fraktionschef Dennis Thering sagt, Kanzler Olaf Scholz (SPD) und Bürgermeister Peter Tschentscher müssten nun Anworten liefern.« [74]

9. August 2022. »NDR.de«:
»Warum hat man zu Unrecht erstattete Steuern von der Warburg-Bank 2016 zunächst nicht zurückgefordert? Wer hat da wen wie möglicherweise beeinflusst? Und gab es einen »teuflischen Plan«? Das waren am Dienstag die zentralen Fragen im Parlamentarischen Untersuchungsausschuss (PUA) zur Cum Ex-Affäre. [...] Aber wer hat das als Erster vorgeschlagen? Wer hat wie heftig diskutiert? Das konnten alle Zeugen jetzt nach sechs Jahren nicht mehr sagen. Und auch nicht, was die damals für Warburg zuständige Finanzbeamtin mit ihrer Whatsapp-Nachricht vom ›teuflischen Plan‹ meinen könnte. Keine neuen Erkenntnisse zu möglichen E-Mail-Löschungen.« [75]

11. August 2022. »NDR.de«:
»Hamburgs Zweite Bürgermeisterin Katharina Fegebank (Grüne) wünscht sich mehr Aufklärung über den Cum-Ex-Skandal. Fegebank forderte den ehemaligen SPD-Politiker Johannes Kahrs auf, sich zur Herkunft von von 214.800 Euro Bargeld in seinem Schließfach zu äußern. Das sagte die Politikerin im Sommerinterview von NDR 90,3 und dem Hamburg Journal. [...] ›200.000 Euro in einem Schließfach sind erstmal nichts Verbotenes. Aber ich glaube, Herr Kahrs täte gut daran, über die Herkunft des Geldes tatsächlich Auskunft zu geben, um da auch Klarheit zu haben.‹ [...] Einen nimmt Fegebank aus der Kritik: Hamburgs Ersten Bürgermeister Peter Tschentscher (SPD), der damals Finanzsenator war: ›Er hat sehr klargemacht, dass rein juristische Gründe Ausschlag gegeben haben für die Ver-

jährung der Rückzahlungen durch die Warburg Bank und ich verlasse mich da auf sein Wort‹.« [76]

11. August 2022. »NDR.de«:
»Im Parlamentarischen Untersuchungsausschuss (PUA) zur Cum-Ex-Affäre hat am Donnerstag Hamburgs früherer Finanzsenator Wolfgang Peiner (CDU) ausgesagt. Peiner warf dem heutigen Ersten Bürgermeister Peter Tschentscher (SPD) Fehlverhalten vor. Es geht um ein Schreiben, das Tschentscher 2016 von der Warburg Bank erhalten hatte. Damals war der SPD-Politiker noch Finanzsenator. Das Schreiben leitete Tschentscher mit einem Zusatz an seine Behörde weiter. Peiner sagte am Donnerstag, so etwas sei für ihn der Beginn einer Einflussnahme. Denn die Mitarbeiter in der Finanzbehörde würden sich zwangsläufig fragen, was der Senator damit beabsichtige. Tschentscher hätte das Schreiben stattdessen an den oder die Absender zurückschicken müssen, meinte Peiner. [...] Unterdessen hat Bundeskanzler Olaf Scholz (SPD) am Donnerstag bei der Sommer-Pressekonferenz in Berlin erneut den Vorwurf der politischen Einflussnahme im Fall der Warburg Bank zurückgewiesen.« [77]

12. August 2022. »Dokumentation« Webseite »DR. JUR. H. C. GERHARD STRATE« Rechtsanwalt Hamburg:
»Generalstaatsanwaltschaft Hamburg
Der Generalstaatsanwalt

Aktenzeichen: 2 Zs 232/22
Hamburg, den 10.08.2022
[...]

Strafanzeige vom 15.02.2022 gegen Herrn Olaf Scholz, Dr. Peter Tschentscher und weitere Verantwortliche wegen des Verdachts der Beihilfe zur Steuerhinterziehung u. a.

Ihre Beschwerde vom 22.03.2022 gegen den Bescheid vom 14.03.2022 -
Az. der Staatsanwaltschaft Hamburg: 5700 Js 3/22-

Sehr geehrter Herr Dr. h.c. Strate,

die Staatsanwaltschaft Hamburg hat Ihrer vorbezeichneten Beschwerde nicht abgeholfen und die Akten daher ordnungsgemäß der Generalstaatsanwaltschaft zur sachlichen Nachprüfung der Einstellungsentscheidung vom 14.03.2022 zugeleitet.« [78]

12. August 2022. »Dokumentation« Webseite »DR. JUR. H. C. GERHARD STRATE« Rechtsanwalt Hamburg:
»Erklärung zu dem Bescheid der Generalstaatsanwaltschaft.
Bei der gestrigen Pressekonferenz in Berlin gab sich Bundeskanzler Olaf Scholz als ein Ausbund der Gelassenheit. Lediglich an einer Stelle zeigte er sich angespannt und ruppig. Als ihn ein Journalist auf mögliche eigene Verwicklungen direkt anspricht – angeblich habe der Chef der Warburg-Bank nach einem Treffen mit Scholz Steuergelder einbehalten dürfen – erklärte er: ›Sie würden diese Tatsachenbehauptung nicht erhärten können, wenn Sie es müssten‹, zischte er. Und schob hinterher: ›Bedenken Sie das, wenn Sie so etwas sagen‹. Das hörte sich fast an wie eine verhaltene Drohung. Das gilt

natürlich auch anderweit für Personen, die ihn und den jetzigen Bürgermeister Tschentscher eine Beihilfe zur Steuerhinterziehung vorwerfen. Man möchte fast meinen, Olaf Scholz habe zu diesem Zeitpunkt schon gewusst, dass die Staatsanwaltschaft Hamburg als Schutz- und Trutzwall der hiesigen Landesregierung ihm weiterhin Rückenwind gibt. Denn gestern Nachmittag übermittelte uns eine Mitarbeiterin der Generalstaatsanwaltschaft Hamburg einen Bescheid vom 10. August 2022, mit dem auf meine Dienstaufsichtsbeschwerde vom 14. März 2022 geantwortet wird. Meine Beschwerde wird immerhin nach fünf Monaten mit denselben Argumenten zurückgewiesen, gegen die sich die Beschwerde richtete. Ich werde hierzu am kommenden Montag etwas ausführlicher Stellung nehmen. Aus Gründen der Transparenz veröffentliche ich aber schon jetzt den Bescheid der Generalstaatsanwaltschaft.
Ob in der Arbeit des Untersuchungsausschusses die Wahrheit jetzt schon zutage liegt oder erst später zutage tritt, wird sich zeigen. Ebenso, ob Olaf Scholz ein Spieler oder ein Staatsmann ist.

Gerhard Strate

Hamburg, am 12. August 2022« [79]

13. August 2022. »msn.com«:
»Die CDU in der Hamburgischen Bürgerschaft will auch Kanzleramtsminister Wolfgang Schmidt (SPD) vor dem Untersuchungsausschuss zum ›Cum-Ex‹-Skandal vernehmen. ›Um die Wahrheit ans Licht zu bringen‹, müsse der enge Vertraute

von Olaf Scholz und frühere Hamburger Staatsrat für auswärtige Angelegenheiten als Zeuge in den Ausschuss geladen werden, sagte der Sprecher der Bürgerschaftsfraktion im Ausschuss, Götz Wiese, am Freitag der Deutschen Presse-Agentur. Die CDU -Fraktion werde dies zeitnah beantragen. Bundeskanzler Scholz soll am kommenden Freitag ein zweites Mal vor dem Ausschuss aussagen.« [80]

13. August 2022. »NDR.de«:
»Hamburgs Erster Bürgermeister Peter Tschentscher (SPD) weist die jüngsten Vorwürfe gegen ihn im Zusammenhang mit der Cum-Ex-Affäre zurück. Anlass ist die Aussage des früheren Finanzsenators Wolfgang Peiner (CDU) im Untersuchungsausschuss der Bürgerschaft am Donnerstag. Peiner hatte Tschentschers Verhalten 2016 als ›Beginn einer Einflussnahme‹ bezeichnet. Tschentscher nannte die Vorwürfe des Ex-Senators am Freitag im Sommerinterview mit NDR 90,3 und dem Hamburg Journal falsch.›Alle Zeugen haben bestätigt, dass es keine politische Einflussnahme gegeben hat. Und deswegen sollte man das auch irgendwann mal zur Kenntnis nehmen.‹ Dass er 2016 ein Schreiben der Warburg Bank an seine Mitarbeiter weitergereicht habe, beruhe auf einer Empfehlung der Steuerverwaltung, sagte Tschentscher.« [81]

14. August 2022. »Dokumentation« Webseite »DR. JUR. H. C. GERHARD STRATE« Rechtsanwalt Hamburg:
»An die Generalstaatsanwaltschaft Hamburg
[...]
Hamburg, am 14.08.2022/gs

Aktenzeichen: 2 Zs 232/22

Strafanzeige gegen Olaf Scholz u.a.
Ihre Beschwerdeentscheidung vom 10. August 2022

Sehr geehrter Herr Oberstaatsanwalt!
Ihr Schreiben trifft leider nicht den richtigen Ton. Statt ›mit einigem Befremden‹ mir Vorhaltungen zu machen, ich hätte Sie nicht über eine parallel bei der Staatsanwaltschaft Köln zum gleichen Thema eingereichte Strafanzeige unterrichtet, wäre es vielleicht angebracht gewesen, mir eine Verständnis heischende Erklärung dafür abzugeben, weshalb die Bescheidung meiner Dienstaufsichtsbeschwerde fünf (nahezu) volle Monate in Anspruch genommen hat. [...]
Es wird sich zeigen, ob diese Rechtsauffassung in der Einschätzung dessen, was in 2016 und 2017 leitende Mitarbeiter der Finanzbehörde und dessen Verwaltungsspitze – der Präses der Finanzbehörde und der Präsident des Senats – sich geleistet haben, Bestand hat. Ich glaube das nicht.
Gerne jedenfalls erinnere ich mich der Zeit, als 2009 die Staatsanwaltschaft Hamburg, unterstützt von dem damaligen Generalstaatsanwalt, den Mut hatte, das Treiben der HSH Nordbank und der hierfür verantwortlichen Vorstandsmitglieder aufzuklären und zur Anklage zu bringen. Die damalige Behördenleitung war weit davon entfernt, sich als Schutz- und Trutzwall der Stadtregierung zu begreifen.

Mit freundlichen Grüßen!
(Dr. iur. h.c. Gerhard Strate)« [82]

16. August 2022. »handelsblatt.com«:
»Olearius wirft der Staatsanwaltschaft Köln vor entgegen ›aller Grundsätze eines Rechtsstaates‹ gehandelt zu haben. [...] Dem Oberlandesgericht Köln liege eine Beschwerde gegen die Veranlassung der Zustellung der Anklage durch das Landgericht Bonn vor, sagte ein Sprecher des Kölner Gerichts am Montag der Deutschen Presse-Agentur. ›Ziel der Beschwerde ist es, dass die Anklage an die Staatsanwaltschaft zurückgegeben wird.‹« [83]

17.8.2022. »tagesschau.de«:
»Bei den Cum-Ex-Ermittlungen haben Staatsanwälte auch Mails der Büroleiterin von Kanzler Scholz untersucht. Laut Unterlagen, die dem *NDR* und anderen Medien vorliegen, fanden sie ein ›potenziell beweiserhebliches‹ Dokument. [...] Am 21. April dieses Jahres beschlagnahmten Ermittler aus Nordrhein-Westfalen das E-Mail-Postfach von Jeanette Schwamberger, Büroleiterin im Kanzleramt und seit Jahren eine der engsten Vertrauten von Kanzler Olaf Scholz. [...] Bei der Durchsuchung des Postfaches stießen die Ermittler auf eine von Schwamberger im April 2021 verfasste E-Mail, die die Staatsanwaltschaft Köln als verdächtig einordnet. Im Zusammenhang mit einer Abfrage des Hamburger Parlamentarischen Untersuchungsausschusses zu Terminen von Scholz zum Thema Cum-Ex, Warburg und mit Bänkern und Politikern hatte die Büroleiterin eine Mail mit Vorschlägen verfasst und an Wolfgang Schmidt geschickt, den jetzigen Chef des Bundeskanzleramtes und damaligen Staatssekretär im Bundesfinanzministerium.

In der Bewertung der Staatsanwaltschaft heißt es unter der Zwischenüberschrift ›Thema Datenlöschung‹: ›Die folgenden Kalendereinträge und Mails sind potentiell beweiserheblich, da sie auf Überlegungen zum Löschen von Daten schließen lassen.‹ In der folgenden Auflistung der Staatsanwaltschaft findet sich die E-Mail von Scholz' Büroleiterin an Schmidt zweiter Stelle.« [84]

20. August 2022. »NDR.de«:
»Bundeskanzler Olaf Scholz (SPD) hat am Freitag zum zweiten Mal vor dem Parlamentarischen Untersuchungsausschuss (PUA) im Hamburger Rathaus zur Cum-Ex-Affäre ausgesagt. [...] Er wies bei der Befragung erneut jegliche Einflussnahme auf das Steuerverfahren der Hamburger Warburg Bank zurück. [...]
Zu Beginn seiner Aussage zitierte Scholz aus Presseartikeln, die angeblich belegen, warum der Vorwurf für ihn abwegig ist. [...] Dreieinhalb Stunden dauerte diesmal die Vernehmung. Auf viele Fragen der Abgeordneten antwortete Scholz mit ›Das weiß ich nicht‹ oder ›Ich kann mich nicht erinnern‹ - mehr als 20 Mal innerhalb einer halben Stunde. Wenn er sich nicht erinnern könne, warum sei er sich dann sicher, dass es keinen Einfluss auf die Entscheidung der Steuerverwaltung gegeben habe?, wollte die CDU im Ausschuss wissen. ›Das sind absurde Erwägungen‹, antwortete Scholz ziemlich angefasst. [...]
Der Ausschuss-Obmann der Linken, Norbert Hackbusch, bezeichnete den Auftritt des Kanzlers als arrogant und frech. Richard Seelmaecker von der CDU hält die Aussagen des Kanzlers für ›schlicht-

weg unglaubwürdig‹.« [85]

24. August 2022. »NDR.de«:
»Der Parlamentarische Untersuchungsausschuss (PUA) zum Cum-Ex-Skandal hat am Mittwoch auch die Hamburgische Bürgerschaft beschäftigt. [...] Wollen die Regierungsparteien SPD und Grüne überhaupt die Wahrheit wissen?, fragte sinngemäß CDU-Fraktionschef Dennis Thering. [...]
Die AfD ergänzte: Wegen der vielen Erinnerungslücken im Cum-Ex-Ausschuss wolle Scholz wohl ›als Kanzler des Vergessens in die Geschichte eingehen‹. [...] Für die Grünen sprach Farid Müller dagegen Scholz das Vertrauen aus. ›Für uns Grüne gilt das Wort des Bundeskanzlers, und es steht auch die Unschuldsvermutung im Raum, die ja auch bitte noch gilt in diesem Land.‹ [...]
Die Opposition verdrehe Zeugenaussagen, sagte der Ausschuss-Obmann der SPD.« [86]

15. September 2022. »NDR.de«:
»Zum 38. Mal kommt der Cum-Ex-Untersuchungsausschuss am Freitag zusammen. Es soll entschieden werden, ob Kanzleramtsminister Wolfgang Schmidt, ein enger Vertrauter von Bundeskanzler Olaf Scholz (beide SPD), als Zeuge geladen wird. Geladen werden soll ebenfalls die Büroleiterin des Kanzlers. ›Danach sind wir durch mit den Zeugen‹ , sagt Milan Pein, Obmann der SPD.« [87]

16. September 2022. »NDR.de«:
»Kanzleramtsminister Wolfgang Schmidt (SPD) und die Büroleiterin von Bundeskanzler Olaf Scholz (SPD) müssen als Zeugen im Cum-Ex-Untersu-

chungsausschuss der Hamburgischen Bürgerschaft aussagen. Beide gelten als Vertraute des Kanzlers. [...] Schmidt arbeitet seit rund 20 Jahren an der Seite von Scholz, unter anderem als Büroleiter, später als Staatsrat und Bevollmächtigter Hamburgs beim Bund, während Scholz Bürgermeister war. [...]
Bei der Büroleiterin des Kanzlers hat die Staatsanwaltschaft Medienberichten zufolge das E-Mail-Postfach sichergestellt. [...]
Die Linke bringt außerdem ins Gespräch, mehrere Mitglieder des Finanzausschusses des Bundestag als Zeugen zu laden. Und zwar, um Aussagen von Kanzler Scholz zu seinen Treffen mit Warburg zu überprüfen. Scholz hatte dazu im Jahr 2020 im Finanzausschuss Rede und Antwort gestanden, das Protokoll wird unter Verschluss gehalten.« [88]

26. September 2022. »jungewelt.de«:
»Im ›Cum-Ex‹-Verfahren belasten Aussagen früherer Mitarbeiter Angeklagten Hanno Berger schwer. [...] Die zentrale Figur des ›Cum-Ex‹-Skandals in Deutschland musste sich am Freitag (23. September 2022) vor dem Landgericht Wiesbaden die Aussagen von zwei engen Vertrauten vorhalten lassen – zwei Anwälten, mit denen Berger zusammengearbeitet hatte. Und sie zeichneten ein für ihn verheerendes Bild. Auch von seinem Charakter. [...] Der 71jährige frühere Finanzbeamte Berger gilt den Ermittlern als der ›Vater‹ der ›Cum-Ex‹ -Geschäfte. [...] Es geht um die Zeit zwischen 2003 und 2010, als die drei Juristen in Kanzleien zusammenarbeiteten. 2010 gründete Berger dann sein eigenes Unternehmen in Frankfurt am Main. Als ›Geburtsstunde‹

des ›Cum-Ex‹ -Verfahrens kreist der Ermittler das Jahr 2005 ein. [...] Nach den Aussagen der Belastungszeugen verfügte Berger über hervorragende Kontakte ins Bundesfinanzministerium, in die Bundesfinanzakademie, in das Bundeszentralamt für Steuern, aber auch in den Sparkassen- und Giroverband. Von dort erfuhr er sehr früh, wenn der Staat Gesetzesänderungen plante und konnte seine Tricks neuen Vorschriften anpassen. Gesetzentwürfe kamen direkt auf seinen Schreibtisch, lange bevor etwa die Bundestagsabgeordneten davon Kenntnis erlangten, die später die Gesetze beschlossen. Die Informanten Bergers wurden laut Aussagen ›für Dienstleistungen auch entlohnt‹, so etwa der Leiter der Steuerabteilung beim Sparkassen- und Giroverband. Schließlich gelang es, einen Berliner Immobilienmilliardär und eine Bank für die ›Cum-Ex‹-Tricks zu gewinnen. Die Erträge für den Unternehmer waren immens, aber auch für Berger und seine Mitarbeiter floss den Aussagen zufolge viel Geld. Um die Einnahmen zu verschleiern, sei 2005 eine Gesellschaft im Steuerparadies Virgin Islands gegründet worden. Später verlegte man den Sitz der Gesellschaft nach Luxemburg. Berger und sein enger Mitarbeiter hätten sich die Erträge geteilt. Nach den Unterlagen, die die Ermittler fanden, betrugen etwa die Gewinnanteile beider Männer ›aus den Cum-Ex-Transaktionen‹ 1,215 Millionen Euro im Jahre 2006, im Jahre 2007 waren es 1,166 Millionen. [...] Das »Cum-Ex«-Netz in Deutschland dehnte sich immer weiter aus. Auf einem Datenträger, den das Land Nordrhein-Westfalen später von einem privaten Informanten erwarb, waren »fast 100

Banken« als Mittäter vermerkt.« [89]

14. Oktober 2022. »jungewelt.de«:
»Am Donnerstag berief der Bundestag auf Antrag der CDU/CSU-Fraktion eine ›Aktuelle Stunde‹ ein. In dem am Dienstag von den Journalisten Oliver Schröm und Oliver Hollenstein veröffentlichten Buch ›Die Akte Scholz – Der Kanzler, das Geld und die Macht‹ waren neue Details bekanntgeworden. Demnach hatte Scholz 2020 in zwei Ausschusssitzungen über Treffen mit den Gesellschaftern der Hamburger Warburg-Bank berichtet. Ein Protokoll hatten die Journalisten kurz vor der Buchveröffentlichung der Presse zugespielt. Seitdem Scholz im vergangenen Jahr in den Untersuchungsausschüssen des Bundestags und der Hamburgischen Bürgerschaft vorgeladen wurde, konnte er sich plötzlich nicht mehr an den Inhalt der Gespräche mit den Warburg-Bankern erinnern. [...] Gegenüber *jW* fasste Schröm am Donnerstag (13.10.22) zusammen: ›Olaf Scholz hat Transparenz versprochen, räumt aber höchstens das ein, was wir gerade ans Tageslicht zerren. Zudem ist seine Standardausrede ›ich kann mich nicht erinnern‹ zumindest die Unwahrheit, wenn nicht gar eine uneidliche Falschaussage, wie wir ihm anhand neuer Dokumente nachweisen können.‹« [90]

18. Oktober 2022. »Dokumentation« Webseite »DR. JUR. H. C. GERHARD STRATE« Rechtsanwalt Hamburg:
»DR. IUR. H. C. GERHARD STRATE KLAUS-ULRICH VENTZKE RECHTSANWÄLTE [...]
An die Staatsanwaltschaft Hamburg

[...]
Hamburg, am 18.10.2022/gs
Aktenzeichen: 5700 Js 3/22

Ermittlungsverfahren gegen Herrn Olaf Scholz

Sehr geehrte Damen und Herren!
[...]
Ihre Behörde sollte nicht versuchen, den Gedächtnisschwund des ehemaligen Bürgermeisters zwischen dem 4. März 2020 und dem 21. April 2021 erneut mit seinem gestiegenen Arbeitspensum als Bundesminister der Finanzen (und nunmehr als Bundeskanzler) zu erklären. Es gibt eine sehr viel einfachere Erklärung: Die behauptete Erinnerungslosigkeit ist eine bewusste Falschaussage. Der unüberbrückbare Widerspruch zwischen den Aussagen am 4. März 2020 und am 30. April 2021 ist anders nicht mehr aufzulösen.

Ich **beantrage**, nunmehr die Ermittlungen wegen uneidlicher Falschaussage aufzunehmen.

Mit freundlichen Grüßen!
(Dr. iur. h.c. Gerhard Strate) [91]

17. November 2022. »NDR.de«:
»Der Auftrag des Parlamentarischen Untersuchungsausschusses (PUA) der Hamburgischen Bürgerschaft zum Cum-Ex-Skandal soll erweitert werden. Das hat der Verfassungsausschuss am Donnerstag einstimmig beschlossen. Die Abgeordneten sollen jetzt auch die Geschäfte der ehemaligen landeseigenen HSH Nordbank untersuchen. Einem entsprechenden Antrag von CDU und Linken soll

die Hamburgische Bürgerschaft im Dezember zustimmen. [...] Die HSH sei ›ein sehr wichtiger Cum-Ex-Akteur‹ gewesen. ›Wir müssen aufklären, ob die Behörden das kritisch genug überprüft haben‹, erklärte Hackbusch weiter. Und er wurde noch deutlicher: Die Geschichte des PUA zum Cum-Ex-Skandal ist eine ›Geschichte von Verharmlosung und Vertuschung durch die Pegierungsparteien‹. [92]

30. November 2022. »NDR.de«:
»Die Hamburgische Bürgerschaft hat beschlossen, den Parlamentarischen Untersuchungsausschuss zur ›Cum-Ex-Affäre‹ zu erweitern. Dabei geht es um illegale Geschäfte der früheren landeseigenen HSH Nordbank. Das Parlament nahm auf Empfehlung des Verfassungsausschusses einen entsprechenden Antrag von CDU und Linken einstimmig an. Er sieht vor, dass künftig nicht mehr nur der Umgang von Senat und Behörden mit der Warburg Bank untersucht wird, sondern auch der mit der ebenfalls in die ›Cum-Ex-Affäre‹ verstrickten ehemals landeseigenen HSH Nordbank. Ein Antrag der AfD, die außerdem Spenden der Warburg Bank oder aus deren Umfeld an Hamburger Parteien untersuchen lassen wollte, wurde hingegen - wie vom Verfassungsausschuss empfohlen - von allen anderen Parteien abgelehnt.« [93]

6. Dezember 2022. »zeit.de«:
»Die Staatsanwaltschaft hat neun Jahre Haft für den mutmaßlichen Haupttäter im sogenannten Cum-Ex-Skandal, den Juristen Hanno Berger, gefordert. [...] Berger wird der besonders schweren Steuerhinterziehung beschuldigt. Die Anklage wirft

Berger vor, die Privatbank M.M. Warburg zur Aufnahme von Cum-Ex-Geschäften bewogen zu haben. Die dafür notwendigen Strukturen soll er maßgeblich aufgebaut und dafür gutgläubige Investoren angeworben haben.
›Er wusste um die Struktur der Geschäfte‹, sagte Staatsanwalt Jan Schletz in seinem Schlussplädoyer. Dem Angeklagten sei klar gewesen, dass es um Erstattungen von gar nicht gezahlten Steuern gehe. Berger habe mit hoher krimineller Energie gehandelt. Schletz unterstrich die ›hervorgehobene‹ Rolle Bergers; bei allen Transaktionen ging es demnach um den ›blanken Griff in die Staatskasse‹.
Den Steuerschaden der in dem Verfahren verhandelten Geschäfte, an denen Berger mitwirkte, bezifferte Schletz auf 276 Millionen Euro. [...]
Berger, der im Februar aus der Schweiz an die deutsche Justiz ausgeliefert worden war, hatte einst mitgeteilt, er habe die Transaktionen als *legales Steuersparmodell* angesehen.« [94]

13. Dezember 2022. »faz.net«:
»Das Bonner Landgericht hat den Architekten der Cum-Ex-Aktiendeals, Hanno Berger, zu einer Freiheitsstrafe von acht Jahren verurteilt. Der 72 Jahre alte Berger sei wegen Steuerhinterziehung in drei Fällen schuldig, entschied das Gericht am Dienstag (13.12.22, JH) (Aktenzeichen 62 KLs 2/20). Von seinem Vermögen sollen mehr als 13 Millionen Euro eingezogen werden. [...]
Berger ist der bekannteste Protagonist des Geschäftsmodells, das der Bundesgerichtshof im Jahr 2021 als Straftat gewertet hat. Er beriet Banken,

Fonds und Investoren bei der Konstruktion der Geschäfte und warb über sein Netzwerk vermögende Kunden ein. Dafür kassierte er Millionen. Früher war er Beamter in der hessischen Steuerverwaltung, später wechselte er die Seiten und stellte den Finanzakteuren profunde Kenntnisse des Steuerrechts zur Verfügung. [...] Berger hat das Geschäftsmodell, bei dem Aktien mit (›cum‹) und ohne (›ex‹) rund um den Dividendenstichtag verschoben wurden und gar nicht gezahlte Steuern erstattet wurden, zwar nicht erfunden. Er gilt aber als Wegbereiter dafür, dass Cum-Ex in Deutschland im großen Stil betrieben werden konnte. [95]

14. Dezember 2022. »spiegel.de«:
»Die Fraktionen der Ampelkoalition versprechen in der Cum-ex-Affäre um Bundeskanzler Olaf Scholz (SPD) mehr Offenheit. Aussagen Scholz' vom 1. Juli 2020 vor dem Finanzausschuss des Bundestags sollen demnach nicht mehr als Verschlusssache gelten. Scholz war damals Finanzminister und Vizekanzler im Kabinett der damaligen Kanzlerin Angela Merkel (CDU). [...]
Alle geschwärzten Stellen sollen aus dem Protokoll der Sitzung entfernt und die Einstufung als ›vertraulich‹ aufgehoben werden. Veröffentlicht wird das Dokument damit zwar nicht, aber alle Bundestagsabgeordneten sowie etwa Vertreter der Länder erhalten mit dieser ›Entstufung‹ ohne besondere Einschränkungen Zugang und dürfen über den Inhalt reden – das war bisher nicht erlaubt.« [96]

16. Dezember 2022. »NDR.de«:
»Zum 40. Mal ist im Hamburger Rathaus der Un-

tersuchungsausschuss zur Cum-Ex-Affäre um die Warburg Bank zusammengekommen. Dabei haben die Warburg-Anwälte begrüßt, dass ab dem kommenden Jahr auch die ehemalige HSH Nordbank unter die Lupe genommen werden soll. Einflussnahme der Warburg-Gesellschafter auf den damaligen Ersten Bürgermeister Olaf Scholz (SPD)? Oder von Scholz auf die Finanzverwaltung? Diesen Verdacht sehen die Anwälte von Christian Olearius und Max Warburg widerlegt. Einer von ihnen, Anwalt Peter Gauweiler, sprach am Freitag sogar von einer ›Sündenbock-Rolle‹, in die die Bank gedrängt worden sein soll. [...] Die Warburg-Anwälte regen an, dass deshalb Bürgermeister Peter Tschentscher (SPD) erneut geladen werden soll. Er war Finanzsenator, als die HSH Nordbank ihre Cum-Ex-Geschäfte öffentlich machte und mehr als 100 Millionen Euro Steuern zurückzahlte. Aussagen sollen danach auch Ex-Justizsenator Till Steffen (Grüne) sowie zwei frühere Finanzsenatoren aus den Reihen der CDU.« [97]

19. Dezember 2022. »focus.de«:
»Bundeskanzler Olaf Scholz war in seiner Zeit als Hamburgs Erster Bürgermeister angeblich auch zu Gast bei Warburg-Banker Christian Olearius. Das geht aus einem Vermerk der Generalstaatsanwaltschaft Köln hervor. Das Nachrichtenportal ›t-online‹ berichtet darüber. Ein ehemaliger Hamburger Richter meldete sich demnach bei der Staatsanwaltschaft und gab den Hinweis, die Putzfrau von Olearius habe Scholz am 16. November 2017 angeblich in der Villa des Bankers erkannt. [...] Bislang hatte

Scholz kein Treffen in Olearius' Villa in Hamburg-Blankenese erwähnt.
Zuletzt sagte er im Untersuchungsausschuss im August 2022, er ›glaube nicht‹, dass er Olearius privat getroffen habe. [...] Olearius' Anwalt teilte t-online mit, dass Scholz nicht privat bei Olearius zu Gast gewesen sei. Ob es Treffen mit dienstlichem Hintergrund in der Villa gab, kommentierte er nicht. Tagebucheinträge von Olearius weisen laut ›t-online‹ in jedem Fall darauf hin, dass der Banker sehr wohl Einfluss auf Scholz nehmen wollte. [...] Die Schlinge zieht sich enger. Und der Skandale kann man sich so nicht entziehen.« [98]

19. Dezember 2022. »jungewelt.de«:
»Nachdem am 13. Dezember das Landgericht Bonn den Anwalt Hanno Berger zu acht Jahren Haft verurteilt hat, gerät das zweite Verfahren gegen den 72jährigen immer mehr in Schieflage. Auch vor der 6. Großen Wirtschaftsstrafkammer des Landgerichts Wiesbaden muss sich der ehemalige Finanzbeamte wegen schwerer Steuerhinterziehung verantworten. [...] Immer wieder beharrt der Angeklagte darauf, dass sein Verhalten nicht strafbar gewesen sei. Die entgegengesetzte Entscheidung des Bundesgerichtshofs (BGH) qualifiziert er als ›Mindermeinung‹ ab [...]. In der angespannten Atmosphäre versucht die Vorsitzende Richterin Kathleen Mittelsdorf Brücken für den Angeklagten zu bauen. Er habe doch gewusst, dass es eine doppelte Anrechnung der Steuer gab. Man habe nach regelrechten Tabellen gearbeitet, mit denen Bergers Team die ›Cum-Ex‹ - Deals geplant habe. [...] Nur eines

wird immer wieder deutlich: Sein ausgeprägtes Geltungsbewusstsein, das eigene Fehler nicht umfasst. Der 72jährige, der über beste Beziehungen in Politik und Wirtschaft verfügt, hält sich noch immer für den Besten seiner Zunft. ›Hier ist das Florett, wir fechten jetzt mal!‹, ruft er dem Ankläger zu: ›Sagen Sie mir, wo ich falsch liege!‹ Der Staatsanwalt sei ihm nicht gewachsen: ›Er kann nichts bringen!‹ [...] Auch an diesem Tag argumentiert er wieder mit den Gesetzeslücken, die er ausgenutzt habe: ›Die Finanzverwaltung wusste seit Jahr und Tag, dass da eine systemische Lücke ist!‹ Wie stets zitiert er prominente Juristen wie etwa den Verfassungs- und Steuerrechtler Paul Kirchhof, die seine Auffassung stützten.« [99]

23. Dezember 2022. »Dokumentation« Webseite »DR. JUR. H. C. GERHARD STRATE« Rechtsanwalt Hamburg:
»DR. IUR. H. C. GERHARD STRATE KLAUS-ULRICH VENTZKE RECHTSANWÄLTE
[...] An die Staatsanwaltschaft Hamburg
[...] Hamburg, am 23.12.2022/gs

Aktenzeichen: 5700 Js 3/22
Ermittlungsverfahren gegen Herrn Olaf Scholz

Sehr geehrte Damen und Herren!

Am 18. Oktober 2022 hatte ich Ihnen eine mein bisheriges Vorbringen ergänzende Strafanzeige übersandt. Eine Einganbgsbestätigung habe ich zwar nicht erhalten, ich gehe aber davon aus, dass der Inhalt dieser Strafanzeige kein Hinderungsgrund ist,

sich damit sachlich zu befassen (zumal sie Ihnen auch über das elektronische Postfach zugeleitet wurde). Sie werden das sicherlich inzwischen getan haben. Ergebnisse sind mir allerdings bislang nicht bekannt gegeben worden.
Die Strafanzeige befasste sich mit der Aussage des ehemaligen Hamburger Bürgermeisters vor dem Finanzausschuss des Deutschen Bundestages am 4. März 2020, die er – nach einem zwischenzeitlich erfolgten Amtswechsel – dort in seiner neuen Funktion als Bundesminister der Finanzen machte. [...]
Ihre Behörde sollte nicht versuchen, den Gedächtnisschwund des ehemaligen Bürbermeisters zwischen dem 1. Juli 2020 und dem 21. April 2021 erneut mit seinem gestiegenen Arbeitspensum als Bundesminister der Finanzen (und nunmehr als Bundeskanzler) zu erklären. Es gibt eine sehr viel einfachere Erklärung: **Die behauptete Erinnerungslosigkeit ist eine bewusste Falschaussage**.
Der unüberbrückbare Widerspruch zwischen den Aussagen am 4. März 2020 sowie am 1. Juli 2020 einerseits und am 30. April 2021 sowie am 19. August 2022 andererseits ist nur so zu erklären.

Ich beantrage, nunmehr die Ermittlungen wegen uneidlicher Falschaussage aufzunehmen.

Mit freundlichen Grüßen!

(Dr. jur h.c. Gerhard Strate)
Rechtsanwalt« [100]

27. Dezember 2022. »Dokumentation« Webseite »DR. JUR. H. C. GERHARD STRATE«

Rechtsanwalt Hamburg:
»DR. IUR. H. C. GERHARD STRATE KLAUS-ULRICH VENTZKE RECHTSANWÄLTE
[...]
An die Staatsanwaltschaft Hamburg
[...]
Hamburg, am 27.12.2022/gs

Aktenzeichen: 5700 Js 3/22
Strafanzeige gegen Herrn Olaf Scholz

Verehrte Frau Oberstaatsanwältin ■!
Vielen Dank für Ihr ausführliches Schreiben vom 21.12.2022, das heute bei mir eingegangen ist und sich offenbar überkreuzt hat mit meinem Schreiben vom 23.12.2022, in welchem meine Strafanzeige wegen des Verdachts wiederholter Falschaussage vor dem Untersuchungsausschuss der Hamburgischen Bürgerschaft weiter ergänzt wurde.
Zunächst einmal stelle ich fest, dass Ihre Behörde – im Gegensatz zu Ihrem ersten Bescheid – nicht mehr versucht, die völlige Erinnerungslosigkeit des ehemaligen Hamburger Bürgermeisters hinsichtlich der drei mit Herrn Olearius geführten Gespräche darauf zurückzuführen, dass er in den Jahren zwischen 2016/2017 einerseits und 2021/2022 andererseits so viele andere markante Erlebnisse gehabt hätte, daß sie einen Gedächtnisschwund erklärlich machten.
Auch muss ich nunmehr konstatieren, dass wir uns in der intellektuellen Erfassung des tatsächlichen Geschehens erheblich annähern. Denn auch Sie erkennen nun, dass der bei den Anhörungen durch den Untersuchungsausschuss in 2021 und 2022 be-

hauptete Wegfall jeglicher Erinnerungen nicht vereinbar ist mit der Darstellung des ›Beanzeigten‹ auf seiner Anhörung durch den Finanzausschuss des Deutschen Bundestages am 04.03.2020 (und letztlich auch der Anhörung am 01.07.2020).
Sie stellen nunmehr darauf ab, Herr Scholz habe beim Finanzausschuss des Deutschen Bundestages ›... in seiner Funktion als Bundesfinanzminister berichtet. Es handelte sich nicht um eine Zeugenbefragung. Diese und die spätere Aussage kann daher inhaltlich bereits nicht adäquat verglichen werden, da hinsichtlich des dienstlichen Berichtes und der Beantwortung von Fragen auch eine Erklärung aufgrund von Notizen und Berichterstattungen in Betracht kommt und der Beanzeigte nicht den Rechten und Pflichten eines Zeugen unterlag.‹
Dies ist unzutreffend. Die **Pflichtenlage eines Ministers** bei der Unterrichtung von Abgeordneten ist **identisch**, gleichviel ob er als Zeuge (und Minister bzw. Bundeskanzler) vor einem Untersuchungsausschuss aussagt oder ob er als Minister gegenüber den Abgeordneten eines Parlamentsausschusses einen Bericht erstattet. Der Unterschied besteht allein darin, dass wahrheitswidrige Erklärungen vor einem Untersuchungsausschuss regelmäßig mit Strafe bedroht sind, während wahrheitswidrige Erklärungen vor anderen Ausschüssen sanktionsfrei bleiben. [...]
Dass Herr Scholz bei seiner Anhörung am 01.07. 2020 sich zwar auf die Tagebuchnotizen des Herrn Olearius bezogen, diese aber ausdrücklich als **seinem Wissen entsprechend** bezeichnet hat, kann im Übrigen auch durch die damals anwesenden

Bundestagabgeordneten bezeugt werden. Ich rege an, beispielsweise Herrn **Fabio de Masi** zu vernehmen, der – nach meiner Kenntnis – in einem Schreiben an Ihre Behörde sich ausdrücklich anerboten hat, als Zeuge auszusagen.
Ich widerspreche deshalb erneut ihrer Einstellungsverfügung und erhebe gegen Ihre Verfügung vom 21.12.2022 **Beschwerde** im Rahmen der sachlichen Dienstaufsicht.

Mit freundlichen Grüßen!
(Dr. iur. h.c. Gerhard Strate)
Rechtsanwalt« [101]

30. Dezember 2022. »radiohamburg.de«:
»Die CDU-Opposition in der Hamburgischen Bürgerschaft will Bundeskanzler Olaf Scholz (SPD) ein drittes Mal im Parlamentarischen Untersuchungsausschuss (PUA) zum ›Cum-Ex‹-Skandal befragen. ›Das endlich freigegebene Protokoll des Bundestag-Finanzausschusses zeigt eindeutig, dass Olaf Scholz gelogen hat‹, sagte der CDU-Obmann im Ausschuss, Richard Seelmaecker, dem ›Hamburger Abendblatt‹. [...] Entgegen seiner Behauptung im Hamburger Untersuchungsausschuss habe Scholz sich laut Protokoll sehr wohl an mindestens eines der Treffen mit Christian Olearius - Gesellschafter der in den ›Cum-Ex‹-Skandal verwickelten Warburg-Bank - erinnern können. ›Wir werden daher auch noch einmal Scholz vorladen und zu seiner Falschaussage befragen‹, sagte Seelmaecker. [...] Scholz war bereits im August 2022 und im April vergangenen Jahres im Hamburger PUA befragt worden und hatte in beiden Fällen zwar Treffen ein-

geräumt, aber gleichzeitig betont, dass er sich an Inhalte nicht erinnern könne. Eine Einflussnahme habe es aber nicht gegeben. Am Mittwoch (28.12.) hatte auch die Unionsfraktion im Bundestag erklärt, Scholz erneut im Finanzausschuss zu dem Skandal befragen zu wollen.« [102]

13. Januar 2023. »jungewelt.de«:
»Die wegen »Cum-ex«-Betrügereien überschuldete North Channel Bank mit Sitz in Mainz wird mit sofortiger Wirkung für den Kundenverkehr geschlossen, teilte die Bundesanstalt für Finanzdienstleistungsaufsicht (Bafin) am Donnerstag mit. ›Die Bank ist chronisch defizitär‹, hieß es zur Begründung. Wegen ›Cum-ex‹- Deals fordern dänische und belgische Steuerbehörden nach Bafin-Angaben insgesamt 176 Millionen Euro Schadenersatz von dem Geldhaus, dessen Bilanzsumme sich zum 30. November auf 123,5 Millionen Euro belief.
Gegründet wurde die Bank 1924 unter dem Namen Bankhaus Oswald Kruber in Berlin. 2009 wurde sie von einer nordamerikanischen Investorengruppe erworben und zur North Channel Bank GmbH & Co. KG mit Sitz in Mainz umfirmiert. [...] (Reuters/jW)«. [103]

20. Januar 2023. »NDR.de«:
»Bundeskanzler Olaf Scholz (SPD) muss ein weiteres Mal vor dem Untersuchungsausschuss zur Cum-Ex-Affäre um die Warburg-Bank aussagen. [...] CDU wirft Scholz vor, gelogen zu haben [...] Denn 2020 hat Scholz bereits vor einem Bundestagsausschuss zum Fall Warburg Rede und Antwort gestanden. Das bislang geheime Protokoll ist inzwischen

freigegeben. ›2020 hatten die Erinnerungslücken von Scholz offenbar noch nicht eingesetzt‹, sagt Norbert Hackbusch von den Linken. Richard Seelmaecker von der CDU meint sogar, das Protokoll zeige eindeutig, dass Scholz gelogen hat. Dazu sagt Milan Pein von der SPD, das Protokoll des Bundestags stehe nicht im Widerspruch zu Scholz' Aussagen in Hamburg. [...]
Neben dem Bundeskanzler lädt der PUA auch alle 18 Bundestagsabgeordneten vor, die an der Sitzung 2020 teilgenommen haben. [104]

24. Januar 2023. »kress.de«:
»›Die Akte Scholz‹-Autoren Schröm und Hollenstein: Der NDR hat mit juristischen Schritten gedroht.
Die beiden CumEx-Aufdecker Oliver Schröm und Oliver Hollenstein erheben in einem Interview mit dem Branchenmagazin ›Wirtschaftsjournalist‹ schwere Vorwürfe gegen den Norddeutschen Rundfunk. Es geht um das Buch ›Die Akte Scholz‹. [...] Der NDR habe fünf Tage vor dem Erscheinungstag dem Ch.Links-Verlag, in dem ihr Bestseller ›Die Akte Scholz‹ über die Verwicklungen des heutigen Bundeskanzler Olaf Scholz (SPD) in den CumEx-Skandal enthüllt wird, mit juristischen Schritten gedroht, wenn dieser dem Sender vor Veröffentlichung das Buchmanuskript nicht zur Verfügung stelle. **Das sei ›ein beispielloser Fall‹ und die ›allergrößte Keule, die man gegen so ein Buch herausholen kann‹, sagt Oliver Hollenstein im Wirtschaftsjournalist-Interview.** Der Verlag sei ›entsetzt‹ gewesen. ›Offensichtlich

hatten die NDR-Oberen die Befürchtung, dass in unserem Buch etwas Unangenehmes über ihren Sender stehen könnte‹, so Hollenstein weiter. [...] **Schon nach der ersten Veröffentlichung über die Rolle von Scholz habe es massive Einflussversuche durch Kanzleramtsminister Wolfgang Schmidt und andere gegeben**, enthüllt das Autoren-Duo weiter. Schmidt, der schon lange der engste Berater von Olaf Scholz sei, habe sich wiederholt mit persönlichen Diffamierungen und Diskreditierungen der beiden Investigativ-Journalisten an die Chefredaktionen gewandt. Schröm und Hollenstein haben für die ›Zeit‹, den NDR und das ›Manager Magazin‹ über die Verwicklungen von Scholz in den CumEx-Skandal berichtet. Schröm ist freier Mitarbeiter des NDR, Hollenstein war zunächst Redakteur bei der ›Zeit‹ bevor er dann zum ›Manager Magazin‹ wechselte. **Schon da habe der NDR anders als die anderen beteiligten Medien reagiert, sagt Hollenstein**. Während die ›Zeit‹ und das ›Manager Magazin‹ solche Anwürfe professionell gehandhabt hätten und sich ›durch solche Kampagnen eher noch bestärkt‹ gefühlt hätten, habe sich der NDR ›derlei Verleumdungen offenkundig zu Herzen‹ genommen.« [105]

18. Januar 2023. »Dokumentation« Webseite»DR. JUR. H. C. GERHARD STRATE« Rechtsanwalt Hamburg:

»Staatsanwaltschaft Hamburg [...]
Herrn
Dr. iur. h.c. Gerhard Strate [...]

Hamburg, den 13.01.2023

Aktenzeichen: 5700 Js 1/23
Ihre Strafanzeige gegen Olaf Scholz
Vorwurf: Falsche uneidliche Aussage

Sehr geehrter Herr Dr. jur. h. c. Strate, [...]
Der Vorgang (213 AR 18/22) ging am 27.12.2022 hier ein und wurde unterAktenzeichen 5700 Js 1/23 als Anzeigensache hier übernommen. Eine Verbindung mit dem Vorgang 5700 Js 3/22 war nicht mehr möglich, da jener bereits abgeschlossen ist.

Aus Ihrer Anzeige gegenüber der Staatsanwaltschaft Köln ergeben sich keine neuen Erkenntnisse. Es wurde daher auch hier gemäß § 152 Abs. 2 der Strafprozessordnung (STPO) davon abgesehen, ein Ermittlungsverfahren gegen den Angezeigten Olaf Scholz einzuleiten.
[...]
Mit freundlichen Grüßen
■
Oberstaatsanwältin« [106]

27. Januar 2023. »Dokumentation« Webseite »DR. JUR. H. C. GERHARD STRATE« Rechtsanwalt Hamburg:
»DR. IUR. H. C. GERHARD STRATE KLAUS-ULRICH VENTZKE RECHTSANWÄLTE [...]
An die
Staatsanwaltschaft Hamburg
[...]
Hamburg, am 27.01.2023/gs
Aktenzeichen: 5700 Js 3/22

5700 Js 1/23
Strafanzeige gegen Herrn Olaf Scholz

Verehrte Frau Oberstaatsanwältin ■!

Vielen Dank für Ihre Mitteilung vom 13.01.2023 (hier eingegangen am 18.01.2023). Es heißt dort wörtlich: ›Eine Verbindung mit dem Vorgang 5700 Js 3/22 war nicht mehr möglich, da jener bereits abgeschlossen ist.‹
Mir ist nicht recht klar, welcher Vorgang denn nun abgeschlossen sein soll. Meinen Sie mit ›jenem‹ Vorgang den in dem vorangehenden Halbsatz erwähnten Vorgang 5700 Js 3/22?
Wenn ja, so möchte ich darauf hinweisen, dass ich mit Schriftsatz vom 23.12.2022 einen neuen Sachverhalt vorgetragen habe (nämlich die Aussage des Herrn Scholz vor dem Finanz-ausschuss des Bundestages am 01.07.2020), der in meinem Schriftsatz vom 27.12.2022 noch weiter vertieft wird. In letzterem Schreiben hatte ich auch ausdrücklich gegen die Einstellungsverfügung vom 21.12.2022 Beschwerde im Rahmen der sachlichen Dienstaufsicht erhoben.
Ich gehe deshalb davon aus, dass aufgrund meines Vortrages in den Schriftsätzen vom 23.12. und 27.12.2022 das Ermittlungsverfahren zu dem Aktenzeichen 5700 Js 3/22 noch nicht abgeschlossen ist. Sollte dies aus mir zur Zeit noch nicht ersichtlichen Gründen anders sein, so bitte ich um Mitteilung des Aktenzeichens, unter dem der in meinen Schriftsätzen vom 23.12. und 27.12.2022 vorgetragene neue Sachverhalt zum Gegenstand von Ermittlungen gemacht wird.

In diesem Zusammenhang wiederhole ich meinen Antrag, im Rahmen der Ermittlungen den Bundestagsabgeordneten Fabio di Masi zu vernehmen. Er wird bekunden, dass Herr Scholz im Rahmen seiner Anhörung als Bundesminister der Finanzen ausdrücklich erklärt hat, der Inhalt der von Herrn Olearius niedergeschriebenen und später veröffentlichten Tagebuchnotizen entspreche ›seinem Wissen‹ über den Inhalt des mit Herrn Olearius im November 2017 geführten Gesprächs.
Die ausdrückliche Bezugnahme auf diese Notizen, die ›seinem Wissen in dieser Frage‹ entsprächen, zeigen Herrn Scholz als jemand, dem dieses Gespräch nicht etwa aus dem Gedächtnis entschwunden ist, sondern als jemand, der dieses Gespräch noch erinnert, und zwar sowohl bei seiner Anhörung am 04.03.2020 als auch bei seiner Anhörung am 01.07.2020. Eine Interpretation dieser Formulierung, wie sie von Ihrer Seite (in Ihrem Schreiben vom 21.12.2022) noch im Hinblick auf die bei der Ausschusssitzung im März 2020 erstellten Protokollnotizen versucht wurde, ist angesichts dieses Bekenntnisses zu ›eigenem Wissen‹ nicht mehr möglich.
Spätestens nach der Anhörung des Herrn Fabio di Masi (oder eines anderen bei der Sitzung am 01.07.2020 zugegen gewesenen Bundestagsabgeordneten) wird es nicht mehr möglich sein, das Protokoll vom 01.07.2020 so zu interpretieren, wie Sie dies hinsichtlich des Protokolls vom 04.03.2020 versucht haben. Herr Scholz hat sich bei der Anhörung am 01.07.2020 auf sein ›eigenes Wissen‹ im Sinne seiner eigenen Erinnerung bezogen. Seine

erstmals bei seiner Anhörung durch den Untersuchungsausschuss der Hamburgischen Bürgerschaft am 30.04.2021 behauptete völlige Erinnerungslosigkeit kann angesichts der relativ kurzen Zeitspanne von zehn Monaten zwischen diesen gegensätzlichen Aussagen nicht mit einem Gedächtnisschwund, sondern allein mit der Absicht zu falscher Aussage erklärt werden.
Eine Aufnahme der Ermittlungen ist unausweichlich.«

Der Rechtsanwalt« [107]

3. Februar 2023. »zeit.de«:
»Der Parlamentarische Untersuchungsausschuss der Hamburgischen Bürgerschaft zur ›Cum-Ex‹-Affäre lädt 38 aktive und ehemalige Bundestagsabgeordnete als Zeugen - und erneut auch Bundeskanzler Olaf Scholz (SPD). Entsprechende Beweisanträge wurden am Freitag (03.02.2023) vom Ausschuss einstimmig beschlossen. Bei den Zeugen handelt es sich um Mitglieder des Finanzausschusses des Bundestages, die 2020 bei zwei Aussagen des damaligen Bundesfinanzministers und heutigen Bundeskanzlers in dem Gremium zugegen waren. Scholz soll bereits zum dritten Mal vor dem Ausschuss vernommen werden. [...] Auf der Liste der Zeugen findet sich auch Bundesfamilienministerin Lisa Paus, die 2020 noch als Finanzexpertin der Grünen-Bundestagsfraktion bei den Ausführungen Scholz' im Finanzausschuss zugegen war. Später hatte sie ihm vorgeworfen, die Wahrheit nur scheibchenweise zuzugeben, und von ›vermeintlichen Erinnerungslücken‹ gesprochen.« [108]

5. Februar 2023. »cicero.de«:
»›Erinnerungslücken‹-Lisa Paus kuscht vor dem Cum-Ex-Kanzler. Die einst so vehemente Scholz-Kritikerin Lisa Paus (Grüne) ist ruhig geworden, seit sie in der Ampel-Regierung ist.« [109]

10. Februar 2023. »jungewelt.de«:
»Die Verteidiger des Angeklagten Hanno Berger beantragten am Donnerstag (09.02.2022) ihre Entpflichtung.
Im Verfahren vor dem Landgericht Wiesbaden sehen Michael Simon und Sebastian Kaiser das Vertrauensverhältnis zu ihrem Mandanten als ›unwiderruflich zerstört‹ an. [...] Der Angeklagte hatte Ratschläge seiner Anwälte ignoriert und sich in öffentlicher Sitzung mit ihnen gestritten. Er warf ihnen nun vor, ihn nicht ausreichend unterstützt zu haben. So seien wichtige Papiere ›liegengeblieben‹. Auch hätten ihn die beiden in der Untersuchungshaft in Frankfurt-Preungesheim und früher Köln nur ein- bis zweimal besucht. [...] Die Anwälte wiesen die Vorwürfe ›ausdrücklich zurück‹. Es sei ›schlicht falsch, dass Dinge liegengeblieben sind‹. Auch habe es wesentlich mehr Besuche bei Berger in der Untersuchungshaft gegeben. Simon sprach von einem ›massiven Angriff auf meine Berufsehre und meine Person‹. Er bat die Kammer ausdrücklich, ›die Hauptverhandlung nicht mehr weiterzuführen‹.« [110]

11. Februar 2023. »jungewelt.de«:
»Sie wollten getrennte Wege gehen, doch fortan bilden sie eine Zwangsgemeinschaft: Der Angeklagte

Hanno Berger und seine beiden Anwälte.
Die 6. Große Wirtschaftsstrafkammer des Landgerichts Wiesbaden hat den Antrag der Verteidiger Michael Simon und Sebastian Kaiser abgelehnt, sie zu entpflichten. Obwohl die renommierten Juristen das Vertrauensverhältnis zu ihrem Mandanten als ›unwiderruflich zerstört‹ bezeichnet hatten, müssen die Pflichtverteidiger weiter mit ihm zusammenarbeiten. [...]
Es ist der 72jährige Berger, der dann auch wieder zum Angriff übergeht. Der frühere Steueranwalt legt einen umfangreichen neunteiligen Beweisantrag vor. Mit zahlreichen Dokumenten will er belegen, dass die Finanzbehörden in der Bundesrepublik Deutschland in den Jahren 2005 bis 2011 davon ausgingen, dass ›Cum-Ex‹-Geschäfte rechtmäßig waren. Berger möchte beweisen, dass der damalige Bundesfinanzminister Peer Steinbrück (SPD) von den Fachleuten seines Ministeriums entsprechend unterrichtet worden war und dass er diese Rechtsauffassung teilte. Auch will er erneut dokumentieren, dass bei ›Cum-Ex‹-Deals mit ausländischen Partnern eine Gesetzeslücke bestand.
In seinem Fazit erhebt Berger harte Vorwürfe: Das Landgericht Bonn, das ihn im Dezember 2022 zu acht Jahren Haft wegen schwerer Steuerhinterziehung verurteilt hatte, und der Bundesgerichtshof (BGH) hätten in ›verfassungswidriger Weise‹ gehandelt. Der BGH hatte am 28. Juli 2021 geurteilt, dass die ›Cum-Ex‹- Deals ›rechtswidrig‹ waren. [...]
Am Freitag morgen wurde ein ehemaliger hoher Beamter des Bundesfinanzministeriums als Zeuge einvernommen. Als Referatsleiter hatte er im ersten

Jahrzehnt der 2000er Jahre Gesetzesnovellen formuliert und dem Bundesfinanzminister vorgelegt. Doch der Auftritt gerät nur peinlich. Immer, wenn der Mann mit brisanten Papieren und Aussagen konfrontiert wird, zieht er sich auf Erinnerungslücken zurück. ›Ich weiß nichts mehr, es ist einfach weg‹: Das ist so ein typischer Satz dieses Vormittags. [...] So will der frühere Beamte im April 2009 erfahren haben, dass in Sachen ›Cum-Ex‹ ›da größere Betrügereien im Gange waren‹. Dann gibt er zu: Schon wesentlich früher habe es ›Angebote von Whistleblowern‹ an die Finanzbehörden gegeben. Doch es geschah nichts.« [111]

18. Februar 2023. »jungewelt.de«:
»**Karlsruhe.** Eine für ›Cum-Ex‹-Betrügereien verurteilte ehemalige Führungskraft der Warburg-Bank ist mit einer Verfassungsbeschwerde gescheitert. Sie werde nicht zur Entscheidung angenommen, teilte das Bundesverfassungsgericht am Freitag mit. Der frühere Prokurist des Hamburger Bankhauses hatte beanstandet, dass zwei Strafrichter aus seinem Prozess vorher an einem anderen ›Cum-Ex‹-Urteil beteiligt waren. Er war im Juni 2021 zu fünfeinhalb Jahren Haft verurteilt worden.« [112]

4. März 2023. »jungewelt.de«:
»**Der nicht gekaufte Professor.** [...] Rechtswissenschaft ist ein einträgliches Geschäft. Wer daran noch zweifelte, wurde am Donnerstag im Landgericht Wiesbaden eines Besseren belehrt. Im »Cum-Ex«-Betrugsprozess, dem wichtigsten deutschen Steuerstrafverfahren, wird Professor Marc Desens

von der Universität Leipzig als Zeuge vernommen. Von 2012 an hatte er über Jahre Gutachten und rechtliche Stellungnahmen für den heutigen Angeklagten Hanno Berger verfasst, den die Ermittler für den Spiritus Rector der »Cum-Ex«- Tricks halten. In den vielen tausend Seiten an Ermittlungsakten findet sich auch eine Rechnung vom 25. April 2012 in Höhe von 42.600 Euro, die an Desens flossen. [...]
Der 48jährige Wissenschaftler stuft auf Nachfrage der Sechsten Großen Wirtschaftsstrafkammer seine Arbeit für Berger als ›ganz normale‹ Nebentätigkeit ein. [...] Die Honorare von Berger hätten sich zwar »summiert« über die Jahre, aber insgesamt ›nicht im sechsstelligen Bereich‹ gelegen. Bei einem Stundensatz von 400 Euro habe etwa eine ›Stellungnahme‹ 6.000 Euro eingebracht, ein Schriftsatz im Rahmen eines Prozesses 8.500 Euro. [...]
Warum Berger nicht mehr nach Deutschland kam, will Desens erst ›im nachhinein‹ verstanden haben. Von strafrechtlichen Ermittlungen will er ›nie erfahren‹ haben. So telefonierten die beiden ›relativ viel‹, wobei der Wissenschaftler sein Verhältnis zum Angeklagten zugleich ›nicht intensiven Kontakt nennen‹ möchte. [...]
Das ganze Thema ›Cum-Ex‹ nennt der Fachmann aus heutiger Sicht einen ›wahnsinnigen Gesetzgebungsskandal‹. Er spricht von einer ›bewussten Gesetzeslücke‹, die der ›Gesetzgeber bewusst offengelassen‹ habe. Auf die Frage, ob seine Rechtsmeinung nicht ›gekauft‹ worden sei, schüttelt Desens den Kopf: ›Ich hatte nicht das Gefühl.‹ [...] Er beteuert, seine Gutachten hätten sich nur ›allgemein

auf die Rechtslage‹ bezogen, nicht auf ein ›konkretes Verfahren‹. [...]
Noch in der Verhandlung der Sechsten Großen Wirtschaftsstrafkammer wird spürbar, welchen Einfluss Berger auf Desens besaß. So fragt der Angeklagte den Zeugen ganz direkt: ›Habe ich Sie beeinflusst, eine Meinung zu schreiben, von der Sie nicht überzeugt waren?‹ Und der Wissenschaftler antwortet direkt mit ›Nein.‹« [113]

6. März 2023. »NDR.de«:
»Keine uneidliche Falschaussage von Scholz im PUA Cum-Ex. [...]
Hat Bundeskanzler Olaf Scholz (SPD) im Parlamentarischen Untersuchungsausschuss (PUA) der Hamburgischen Bürgerschaft zur Cum-Ex-Affäre gelogen oder nicht? Diese Frage beschäftigte auch die Staatsanwaltschaften in Hamburg. Die Generalstaatsanwaltschaft entschied jetzt, dass es keinen Anfangsverdacht wegen uneidlicher Falschaussage gebe.
Damit wurde eine Entscheidung der Staatsanwaltschaft Hamburg von Mitte Dezember bestätigt. Es gebe keinen Anfangsverdacht gegen Scholz wegen Falschaussage, heißt es von der Behörde. Der Hamburger Rechtsanwalt Gerhard Strate hatte den Bundeskanzler angezeigt, weil dieser im PUA die Unwahrheit gesagt haben soll. Das ginge aus Protokollen des Finanzausschusses des Bundestages hervor. [...] Die Generalstaatsanwaltschaft kommt jetzt zu dem Schluss, dass die Äußerungen im Protokoll objektiv mehrdeutig seien. Unabhängig davon sei nicht auszuschließen, dass sich etwaige Erinne-

rungslücken des Kanzlers erst später verfestigt hätten.« [114]

6. März 2023. »Dokumentation« Webseite »DR. JUR. H. C. GERHARD STRATE« Rechtsanwalt Hamburg: »Erklärung zu der Pressemitteilung der Generalstaatsanwaltschaft Hamburg vom 06. März 2023 zum Komplex Aussagen des Olaf Scholz

In einer Pressemitteilung vom heutigen Tage äußert sich die Generalstaatsanwaltschaft Hamburg zu der bereits am 15. Februar 2023 verfügten Entscheidung, weiterhin keinen Anfangsverdacht einer Falschaussage durch den ehemaligen Hamburger Bürgermeister Olaf Scholz sehen zu wollen. […]
Im wirklichen Leben sind die entscheidenden Sachverhalte häufig sehr einfach, selbst wenn die damit befassten Juristen daraus viel Text machen: In einer Sitzung des Finanzausschusses des Deutschen Bundestages vom 1. Juli 2020 wurde der damalige Bundesminister der Finanzen Olaf Scholz angehört. Seine Äußerung wurde im Protokoll in indirekter Rede wiedergegeben, und zwar wie folgt: Auf Frage von Abg. Fabio De Masi (DIE LINKE) erläutert BM Scholz (BMF), es[1] habe keine Vorbereitung auf das Gespräch mit Christian Olearius gegeben, an die er sich erinnern könnte. Er sei sich sicher, dass es keine gegeben habe. Es sei ein Gesprächstermin vereinbart worden. Man habe über viele Dinge gesprochen. Aus den Notizen von Christian Olearius wisse man, dass dieser von ihm keine Auskünfte über seine Einschätzung zum Sachverhalt bekommen habe.

BM Scholz (BMF) betont, dass er dies niemals tue und in solchen Fragen ausgesprochen vorsichtig sei. Er stelle höchstens gelegentlich Nachfragen und nehme in solchen Fällen keinen Standpunkt ein, da er dies mit seinem Wissen auch nicht könne. Er habe sich lediglich die Sicht der Dinge von Christian Olearius angehört.
Diese Sicht sei mittlerweile pressebekannt. Sie ergebe sich auch aus den gerichtlichen Prozessen, in denen die Warburg Bank beteiligt gewesen sei. Was Christian Olearius ihm erzählt habe, habe dieser aufgeschrieben. Dies entspreche seinem Wissen in dieser Frage. Ansonsten könne er lediglich als Bundesminister der Finanzen mit den Informationen seines Ministeriums zu diesem Sachverhalt dienen. Er persönlich könne darüber hinaus nichts dazu beitragen. [...]
Erst bei der Anhörung durch den Untersuchungsausschuss der Hamburger Bürgerschaft, die am 30. April 2021, also zehn Monate nach der letzten Anhörung durch den Finanzausschuss des Bundestages, stattfand, überkam den ehemaligen Hamburger Bürgermeister völlige Erinnerungslosigkeit: Dort erklärt er, er gehe davon aus, dass das Treffen stattgefunden habe, ›... auch wenn ich daran keine eigene Erinnerung habe.‹
Die völlige Amnesie behauptete und wiederholte Herr Scholz viele Male sowohl bei seiner Anhörung durch den Untersuchungsausschuss der Hamburger Bürgerschaft am 30. April 2021 als auch bei dessen Sitzung am 19. August 2022.
Was wäre für eine handwerklich sauber arbeitende Staatsanwaltschaft im Umgang mit diesem Sach-

verhalt geboten gewesen? [...]
Selten hat sich die Leitung einer Strafverfolgungsbehörde so pflichtvergessen gezeigt wie in diesem Falle. Die Generalstaatsanwaltschaft Hamburg versteht sich weiterhin als Schutz- und Trutzwall der Stadtregierung. Ihre Entscheidung, dem ehemaligen Bürgermeister dieser Stadt jeden Gedächstnisschwund zuzubilligen, stellt sich der Sache nach auch als Versuch dar, auf die Arbeit des Parlamentarischen Untersuchungsasusschusses, der für den 14. April 2023 die ersten Zeugen zu den Aussagen des ehemaligen Bürgermeisters vor dem Finanzausschuss des Deutschen Bundestages geladen hat, unmittelbar Einfluss zu nehmen.

Hamburg, am 06. März 2023

Dr. iur. h.c. Gerhard Strate, Hamburg.« [115]

10. März 2023. »Handelsblatt.com.«:
»Köln. Wir schreiben das Jahr 2038. Die Staatsanwaltschaft Köln schließt ihre letzte Cum-Ex-Akte. 25 Jahre sind seit dem Beginn der Ermittlungen im größten Steuerskandal der Republik vergangen. Die Taten liegen teils 33 Jahre zurück.
Dieses Szenario ist kein Fiebertraum eines Angeklagten, sondern offizielle Erwartungshaltung der Justiz. Nordrhein-Westfalens Justizminister Benjamin Limbach hat gerade mitgeteilt, dass die Staatsanwaltschaft für ihre 117 Verfahren noch 15 Jahre veranschlagt. 90 Prozent der Cum-Ex-Verfahren liegen in Köln.
Die große Zeitspanne ist ein Armutszeugnis. Viele Jahre ließen sich Banken und Investoren Milliarden

von Steuern erstatten, die sie nicht gezahlt hatten. Die teuersten Wirtschaftsprüfer und Steueranwälte halfen mit. Cum-Ex war organisierte Kriminalität auf ihrer höchsten Entwicklungsstufe. Daran gibt es keine juristischen Zweifel. Der Bundesgerichtshof, der Bundesfinanzhof und das Bundesverfassungsgericht haben Cum-Ex-Geschäfte allesamt als illegal verurteilt. Alle Strafverfahren endeten in Schuldsprüchen. Alle überprüften Urteile wurden vom Bundesgerichtshof bestätigt. Doch schon das jüngste Urteil zeigt das grundlegende Problem. Im Dezember verurteilte das Landgericht Bonn den einstigen Staranwalt Hanno Berger wegen einer Steuerhinterziehung von 278 Millionen Euro. [...] Das ist mehr als das 5000-Fache dessen, was als ›schwere Steuerhinterziehung‹ gilt: 50.000 Euro. Trotzdem erhielt Berger nicht die Höchststrafe von 15 Jahren Gefängnis, sondern acht. Ein Grund: Die lange Zeit zwischen Tat und Urteil. [...] Jedes verstreichende Jahr freut die Beschuldigten. Wenn ein Richter dann in fünf, zehn oder 15 Jahren einen Angeklagten nach Details fragt, ist seine Antwort absehbar: Sie können sich nicht mehr erinnern. Man müsste es ihm sogar glauben. Es ist eine Schande, dass der Staat nicht alles dafür tut, in dem Milliardenskandal schneller zu ermitteln.« [116]

31. März 2023. »faz.net«:
»CUM-EX-STEUERGELDAFFÄRE: Bundeskanzleramt muss Auskunft geben. [...] Der Chef des Bundeskanzleramts äußert sich ungern zur ›Cum-ex-Affäre‹. Nun hat das Verwaltungsgericht Berlin entschieden, dass das Amt über seine Kom-

munikation mit den Medien Auskunft geben muss. Wolfgang Schmidt, Chef des Bundeskanzleramts, ist anders als sein Chef Olaf Scholz ein ausgesprochen kommunikativer Mensch. Aber in der Cum-ex-Steuergeldaffäre zeigt auch er sich sehr schmallippig – zumindest in der Öffentlichkeit. Ob der Kanzleramtsminister mit einzelnen Personen und Presseorganen zu diesem Thema mehr kommuniziert hat, wollte ein Journalist wissen. Da die Regierungszentrale diese Informationen nicht freiwillig herausgab, schlug er den Rechtsweg ein.
Das Verwaltungsgericht Berlin hat in dem Eilverfahren in seinem Sinne entschieden. ›Das Bundeskanzleramt ist verpflichtet, der Presse Auskünfte über die Kommunikation des Chefs des Bundeskanzleramts mit Medien in der so genannten ‚Cum-Ex-Steuergeldaffäre' zu erteilen‹, teilte es anschließend mit. Der Antragsteller habe wissen wollen, ob der Chef des Bundeskanzleramts nach seiner Vernehmung als Zeuge durch den Parlamentarischen Untersuchungsausschuss ›Cum-Ex-Steuergeldaffäre‹ im September 2022 einem Journalisten Informationen zu dieser Sache erteilt habe. [...]
Darüber hinaus habe er wissen wollen, ob er eine Mitteilung an den Chefredakteur des ›Stern‹ und an weitere Chefredaktionen versandt habe, in der er auf Recherchen eines anderen Journalisten Bezug genommen habe. Außerdem habe er Auskunft begehrt, ob Schmidt bestimmten Medienvertretern Informationen zur Verwicklung des Bundeskanzlers in die Affäre übermittelt und dabei verlangt habe, nicht als Informant genannt zu werden.
Dem Antrag hat das Gericht im Wesentlichen statt-

gegeben. Das Bundeskanzleramt habe die Auskünfte zu erteilen. Es könne sich nicht darauf berufen, dass Gespräche des Chefs des Bundeskanzleramtes mit Journalisten über die Cum-ex-Affäre außerhalb seiner dienstlichen Tätigkeit lägen. Vielmehr sei der Austausch mit Medienvertretern Teil seiner Arbeit. Das Kanzleramt kann Beschwerde gegen den Beschluss beim Oberverwaltungsgericht Berlin-Brandenburg einlegen.« [117]

4. April 2023. »tagesschau.de«:
»Zur politischen Aufarbeitung des Cum-Ex-Steuerskandals um die Hamburger Warburg-Bank will die Union einen Untersuchungsausschuss im Bundestag einsetzen. Das kündigte Fraktionsvize Mathias Middelberg (CDU) an. Die Unionsfraktion hat im Parlament allein die dafür nötige Stimmenzahl von mindestens einem Viertel der Abgeordneten. Der Ausschuss soll klären, ob der jetzige Bundeskanzler Olaf Scholz (SPD) in seiner Zeit als Hamburger Bürgermeister politischen Einfluss auf den Steuerfall genommen hat und ob auf Rückforderungen gegen die Bank in Millionenhöhe verzichtet werden sollte. Auch soll geprüft werden, ob die Erinnerungslücken, auf die sich der Kanzler in dem Zusammenhang beruft, glaubhaft sind. […]
Hintergrund sind Treffen von Scholz mit den Bank-Gesellschaftern Christian Olearius und Max Warburg 2016 und 2017. Nach den ersten Treffen hatte die Hamburger Finanzverwaltung im Dezember 2016 eine ursprünglich geplante Rückforderung von 47 Millionen Euro wegen zu Unrecht erstatteter Kapitalertragssteuern an die Bank doch nicht erho-

ben und zunächst in die Verjährung laufen lassen. Eine zweite Forderung über weitere 43 Millionen Euro war Ende 2017 erst kurz vor der Verjährung auf Weisung des Bundesfinanzministeriums erhoben worden.

Nach einem Gerichtsurteil hatte die Bank 2020 eigenen Angaben zufolge schließlich alle ausstehenden Steuerrückforderungen beglichen, versucht aber auf juristischem Weg weiter, das Geld zurückzubekommen. [...]

Scholz hat vor dem Hamburger U-Ausschuss bekräftigt, keinen Einfluss auf das Steuerverfahren genommen zu haben. [...] Einen Beweis für eine Einflussnahme hat der Hamburger Untersuchungsausschuss in zweieinhalb Jahren Tätigkeit bislang nicht erbracht. Die Unionsfraktion will auch klären lassen, ob Scholz sich bei seinen Befragungen im Finanzausschuss des Bundestags zum ›Cum-Ex‹-Fall im Juli 2020 noch an ein Treffen mit den Bankern erinnern konnte und wie dann die Erinnerungslücken wenige Monate später zu erklären sind. [...]

In einem Schreiben der Fraktionsspitze heißt es, die damalige Entscheidung der Hamburger Behörden hinsichtlich der Nichtrückforderung von zu Unrecht erhaltenen Steuererstattungen beträfen nicht nur die Durchsetzung von Bundesrecht, sondern auch ganz konkret die Steuereinnahmen des Bundes.

Es gebe viele Widersprüche und Ungereimtheiten, sagte Matthias Hauer, Obmann der Unionsfraktion im Finanzausschuss. Die Ampelkoalition habe Vorladungen von Scholz in den Finanzausschuss, welche die Union beantragt habe, mehrfach verhindert, sagte der CDU-Politiker. Ein Untersuchungsausschuss im Bundestag sei unausweichlich. Scholz sollte selbst das größte Interesse daran haben, reinen Tisch zu machen. Es gehe um seine Glaubwürdigkeit. […] Für die Einsetzung eines Untersuchungsausschusses ist ein Viertel der Mitglieder des Bundestages nötig. Dies wären 184 Abgeordnete, die Union hat 197 Abgeordnete im Parlament und könnte das Gremium damit im Alleingang einberufen. Die Linke im Bundestag kündigte bereits an, eine Unterstützung des Untersuchungsausschusses zu prüfen, sagte ihr finanzpolitischer Sprecher Christian Görke.« [118]

4. April 2023. »taz.de«:
»Bundeskanzler Olaf Scholz (SPD) wird wohl demnächst vor einem Untersuchungsausschuss des Bundestages erscheinen müssen. In diesem Gremium will die Fraktion der Union Scholz' Rolle im sogenannten Cum-Ex-Steuerskandal in seiner Zeit als Hamburger Bürgermeister klären. […]
Der ehemalige grüne Bundestagsabgeordnete Gerhard Schick plädierte dafür, das Mandat des Ausschusses auf die Tätigkeit des ehemaligen Bundesfinanzministers Wolfgang Schäuble (CDU) zu erweitern. Schäuble habe versucht zu verhindern, dass rund 100 Banken ihre Milliarden Euro illegaler Einnahmen aus Cum-Ex-ähnlichen Geschäften an den Staat zurückzahlten.
Die Fraktionen der Ampel-Koalition – SPD, Grüne und FDP – könnten durchsetzen, dass der Scholz-Ausschuss sich auch mit Schäuble beschäftigen müsse, sagte Schick. Als Abgeordneter initiierte Schick den Cum-Ex-Untersuchungsausschuss des

Bundestages 2016/17. Heute leitet er die Organisation Finanzwende.« [119]

9. April 2023. »msn.com«:
»Hamburgs CDU-Chef Thering sieht in der Cum-Ex-Affäre eine ›erdrückende‹ Indizienlage gegen Kanzler Scholz (SPD). Selbst dessen Rücktritt schließt er nicht aus. [...]
WELT: Herr Thering, seit zwei Jahren versucht die Hamburger CDU-Bürgerschaftsfraktion Bundeskanzler Olaf Scholz (SPD) nachzuweisen, dass er der Hamburger Warburg-Bank im Jahr 2016 rund 47 Millionen Euro aus der Steuerkasse quasi schenken wollte. Wie weit sind Sie gekommen?
Dennis Thering: Weit. Die Indizienlage ist erdrückend. Olaf Scholz hat vor dem Untersuchungsausschuss der Bürgerschaft erhebliche Wissenslücken zu Protokoll gegeben. Dabei gilt er in der Regel als gut strukturiert und kann sich an alles und jeden erinnern. Verdächtig ist auch, dass Scholz seine diversen Treffen mit dem Chef der Warburg-Bank, Herrn Olearius, zunächst geleugnet hat.
Dazu kommt, dass der damalige Finanzsenator, heutige Bürgermeister Peter Tschentscher *(SPD, d. Red.)* die Steuerverwaltung damals aufgefordert hat, ihn in diesem Verfahren auf dem Laufenden zu halten. Das ist in der Verwaltung ein sehr ungewöhnlicher Vorgang. Dazu noch der Bargeldfund in einem Schließfach des ehemaligen SPD-Bundestagsabgeordneten Johannes Kahrs, der sich erwiesenermaßen für die Warburg-Bank eingesetzt hat.
WELT: Das waren gut 200.000 Euro.
Thering: Bis heute kann uns niemand sagen, wo-

her dieses Geld stammt. Auch wirft die hohe Spende der Warburg-Bank an die Hamburger SPD im zeitlichen Zusammenhang mit der Nicht-Rückforderung der Steuern Fragen auf. Für mich ist klar, dass Scholz und Tschentscher eindeutig politischen Einfluss auf das Steuerverfahren Warburg ausgeübt haben.

WELT: Also lügt der Bundeskanzler, wenn er sagt, dass er keinen Einfluss genommen hat?

Thering: Die Indizienlage spricht dafür, ja.

WELT: Wenn alles so klar ist, warum dann jetzt noch ein weiterer Untersuchungsausschuss, diesmal im Bundestag?

Thering: Olaf Scholz und Peter Tschentscher haben bisher jeden Aufklärungswillen vermissen lassen. Deshalb halte ich es für richtig, dass auch der Bund, speziell die CDU/CSU-Bundestagsfraktion mit ihren erweiterten Zugriffen auf Akten, da jetzt noch einmal nachhakt.

WELT: Gegen Ihre Sicht auf die Cum-Ex-Affäre spricht, dass alle beteiligte Finanzbeamten, die im Untersuchungsausschuss der Bürgerschaft befragt wurden, ausgesagt haben, dass es bei der Cum-Ex-Entscheidung ihrer Behörde keinerlei politische Einflussnahme gegeben habe. Wie erklären Sie den Unterschied zwischen Ihrer Wahrnehmung des Falles Warburg und der Beamten?

Thering: An dieser Stelle muss man sehr genau hinhören: Die Finanzbeamten haben ausgesagt, dass sie von einer politischen Einflussnahme nichts mitbekommen hätten. Das nehme ich zur Kenntnis.

WELT: Fordern Sie den Rücktritt von Scholz und Tschentscher?

Thering: Wenn es gelingt den Beweis zu erbringen, dass sie Einfluss auf die Entscheidung der Hamburger Steuerbehörden genommen haben, dann wären sie nicht mehr im Amt zu halten.« [120]

13. April 2023. »jungewelt.de«:
»Das Landgericht Bonn hat die Anklage der Staatsanwaltschaft Köln gegen den Gesellschafter und ehemaligen Chef der Privatbank M. M. Warburg, Christian Olearius, zugelassen. Die Temine für die Hauptverhandlung würden noch gesondert bekanntgegeben, teilte das Gericht am Mittwoch mit. Die Staatsanwaltschaft Köln lege dem Bankier 15 Fälle der besonders schweren Steuerhinterziehung zwischen 2006 und Ende 2019 zur Last, die er gemeinsam mit anderen Beteiligten begangen haben soll. Zwei Fälle seien im Versuchsstadium geblieben. Das Gericht habe die Anklage zu 14 Fällen zugelassen. Der Angeklagte hat sich der Staatsanwaltschaft zufolge für das Kreditinstitut detailliert mit dessen Strategien befasst und habe auch Cum-Ex-Geschäfte abgesegnet, hieß es weiter. Der aus den Transaktionen entstandene Steuerschaden habe knapp 280 Millionen Euro betragen, hieß es weiter. (Reuters/jW)« [121]

13. April 2023. »spiegel.de«:
»Die Union macht Ernst: Dem SPIEGEL liegt der Untersuchungsausschuss-Antrag von CDU und CSU vor. Er soll die Rolle von Olaf Scholz im Zusammenhang mit Cum-ex-Geschäften der Warburg-Bank beleuchten. [...]
Die Fraktion von CDU und CSU hat einen Antrag zur Einrichtung eines Ausschusses erarbeitet, der

dem SPIEGEL vorliegt. Er soll vor allem die Rolle des SPD-Politikers bei der steuerlichen Behandlung der Cum-ex-Geschäfte der Hamburger Warburg-Bank beleuchten.

Ein Untersuchungsausschuss, der sich vornehmlich mit dem aktuellen Kanzler beschäftigt, ist von erheblicher politischer Relevanz. Die Ampelparteien werfen der Union vor, damit allein parteipolitische Ziele zu verfolgen. Der Ausschuss soll in der kommenden Woche in der Sitzung der Unionsabgeordneten formal verabschiedet werden. [...]

»Das Agieren der Freien und Hansestadt Hamburg unter der Verantwortung des damaligen Ersten Bürgermeisters, späteren Bundesfinanzministers und jetzigen Bundeskanzlers Olaf Scholz in der Steueraffäre M.M.Warburg & CO Bank wirft schwerwiegende Fragen auf«, heißt es in dem Antrag. [...]

Der Antrag der Unionsfraktion sieht vor, dass im Kern drei Fragen aufgeklärt werden:

- Warum wollte man in Hamburg Steuerforderungen gegen die Warburg-Bank zunächst verjähren lassen?
- Wieso kam es in der Hamburger Finanzbehörde dann zu einer Meinungsänderung?
- Wie kommt es zu den erheblichen Erinnerungslücken, die Scholz in der Sache bislang offenbart hat?

Neben diesen drei Komplexen enthält der Antrag 19 detaillierte Fragen, denen der Ausschuss nachgehen soll. In dem Papier werden mehrere SPD-Politiker namentlich erwähnt, der prominenteste unter ihnen ist Kanzleramtschef Wolfgang Schmidt, ein langjähriger Vertrauter von Scholz. Zudem geht es

um die Rolle von Hamburgs Regierungschef Peter Tschentscher, unter Scholz Finanzsenator der Hansestadt. Auch die Rollen des langjährigen Hamburger SPD-Bundestagsabgeordneten Johannes Kahrs sowie des früheren Innensenators Alfons Pawelczyk sollen beleuchtet werden.
Die Union schlägt vor, dass dem Ausschuss zwölf ordentliche Mitglieder angehören. Das würde bedeuten, dass SPD und Union je drei Parlamentarier in das Gremium schicken, FDP und Grüne jeweils zwei, AfD und Linke je einen Abgeordneten. Dazu kämen zwölf stellvertretende Ausschussmitglieder. Für den Vorsitz des Ausschusses ist der Essener CDU-Abgeordnete Matthias Hauer im Gespräch. [...] Mit der Konstituierung des Gremiums ist frühestens im Mai zu rechnen. [...] Das Gremium wäre das zweite in dieser Legislaturperiode nach dem U-Ausschuss zum Abzug der Bundeswehr aus Afghanistan.« [122]

14. April 2023. »NDR.de« 10:29 Uhr:
»suchungsausschuss (PUA) zur Cum-Ex-Steueraffäre in Hamburg heute wieder, um Zeuginnen und Zeugen zu befragen. Und zwar gleich 15. [...]
Alle Zeuginnen und Zeugen waren im Jahr 2020 Mitglieder des Bundestags und saßen für ihre Fraktionen im Finanzausschuss. Unter anderem sind die heutige Bundesfamilienministerin Lisa Paus (Grüne) und der ehemalige Abgeordnete der Linken, Fabio de Masi, dabei.
Dem PUA in Hamburg geht es konkret um eine Ausschusssitzung in Berlin im Sommer vor drei Jahren. Scholz war damals Finanzminister und wurde zur

Cum-Ex-Steuer-Affäre befragt. Ob er sich dabei an ein Treffen mit dem Warburg-Bank-Mitinhaber Christian Olearius im Jahr 2017 erinnert hat oder nicht? Aus dem Protokoll des Finanzausschusses geht das nicht eindeutig hervor. [...]
Scholz selbst hatte bei seiner ersten Vernehmung vor dem Hamburger PUA ausgesagt, sich überhaupt nicht mehr an Inhalte des Treffens erinnern zu können. Zwischen Finanzausschuss in Berlin und PUA-Vernehmung in Hamburg lagen aber nur einige Monate.« [123]

14. April 2023. »NDR.de« 13:06 Uhr:
»15 Zeugen und Zeuginnen sind geladen, drei haben wegen Krankheit kurzfristig abgesagt. Und bislang konnten die, die bereits gehört wurden, wenig Klarheit bringen. [...]
Der ehemalige Bundestagsabgeordnete der Linken, Fabio de Masi, sagte bei seinem Zeugenauftritt am Freitag, dass Scholz damals zunächst angegeben habe, er dürfe wegen des Steuergeheimnisses nichts zu den Gesprächen sagen. Später dann, er habe dem Banker nur zugehört.« [124]

14. April 2023. »finanzen.net« 16:10 Uhr:
»Vor dem Parlamentarischen Untersuchungsausschuss der Hamburgischen Bürgerschaft zur ›Cum-Ex‹-Affäre hat der ehemalige Linken-Bundestagsabgeordnete Fabio de Masi am Freitag auf Widersprüche in früheren Aussagen von Bundeskanzler Olaf Scholz (SPD) hingewiesen. In einer nicht öffentlichen Sitzung des Finanzausschusses des Bundestages am 4. März 2020 habe der damalige Finanzminister über ein Treffen mit dem Mitinhaber

der Warburg Bank, Christian Olearius, gesagt: ›Er könne sich zu Gesprächsinhalten aufgrund des Steuergeheimnisses nicht äußern.‹ In einer zweiten Sitzung am 1. Juli 2020 habe Scholz erklärt, er habe bei dem Treffen am 10. November 2017 nur passiv zugehört. Erst in einer dritten Sitzung des Ausschusses im September 2020 habe Scholz Erinnerungslücken geltend gemacht. De Masi sagte, er habe sich als Mitglied des Finanzausschusses getäuscht gefühlt.« [125]

14. April 2023. »welt.de« 17:20 Uhr:
»Vor dem Finanzausschuss des Bundestages hat sich Bundeskanzler Olaf Scholz (SPD) als damaliger Finanzminister 2020 nach Erinnerung von Zeugen widersprüchlich zur sogenannten «Cum-Ex»-Affäre geäußert. [...]
Nach Erinnerung des CSU-Bundestagsabgeordneten Sebastian Brehm hatte Scholz auf der ersten Sitzung des Finanzausschusses am 4. März 2020 gesagt, durch Medienberichte sei schon alles bekannt und er könne für sich in Anspruch nehmen, korrekt gehandelt zu haben. Wegen des Steuergeheimnisses könne er keine weiteren Angaben machen. «Ich fand das widersprüchlich», sagte Brehm. [...]
Familienministerin Lisa Paus (Grüne) konnte sich nur wenig an die Befragungen von Scholz erinnern. Die Bürgerschaftsabgeordneten Richard Seelmaecker (CDU) und Norbert Hackbusch (Linke) hielten ihr vor, sie habe Scholz damals nach Bekanntwerden weiterer Treffen mit Olearius der Lüge bezichtigt. Paus räumte ein, nach den Sitzungen den Eindruck gehabt zu haben, dass sich Scholz nur ein Mal

mit dem Banker getroffen habe. «Das hat sich später anders dargestellt. Von daher meine Bewertung», sagte die Ministerin.
Paus hatte gleich in einem Eingangsstatement klargestellt, dass es damals als Oppositionsabgeordnete ihre Aufgabe war, die Äußerungen von Scholz zu bewerten. Heute habe sie als Bundesministerin eine andere Aufgabe.
Nach Erinnerung des früheren CSU-Obmannes im Finanzausschuss, Hans Michelbach, gab es in der Sitzung vom 1. Juli 2020 großen Unmut über den geringen Aufklärungswillen von Scholz. «Wir hatten den Eindruck, dass wir als Verfassungsorgan nicht ernst genommen werden», sagte er.« [126]

14. April 2023. »NDR.de« 17:39 Uhr: »Cum-Ex-Ausschuss in Hamburg: Zwölf Zeugen befragt. [...]
Auch Bundes-Familienministerin Lisa Paus (Grüne) saß 2020 im Finanzausschuss des Bundestages. Sie galt damals als eine der härtesten Kritikerinnen von Scholz, was seine Aussagen zu Cum-Ex-Geschäften der Warburg Bank und seine Treffen mit Bankmitinhaber Christian Olearius anging. Heute ist Paus Ministerin im Kabinett Scholz. Im PUA wollte sie keine Bewertungen vornehmen. An die genauen Äußerungen von Scholz in den Sitzungen des Finanzausschusses vor drei Jahren konnte sie sich - wie auch alle anderen Zeuginnen und Zeugen - nicht mehr so genau erinnern. Das werde bei den anderem Mitgliedern des Finanzausschusses nicht anders sein, vermutete der PUA und strich deren Zeugenaussagen für kommenden Freitag.

Ein Zwischenbericht des PUA soll noch vor dem Sommer fertig sein. Im August oder September soll die Bürgerschaft darüber debattieren.« [127]

15. April 2023. »berliner-zeitung.de«: »Fabio De Masi über Cum-Ex-Affäre: Olaf Scholz lügt. [...] **In einem Indizienprozess wäre Scholz überführt**.

Drei Treffen eines Ersten Bürgermeisters (im Range eines Ministerpräsidenten) mit einem potenziellen Steuerhinterzieher zu einem laufenden Steuerverfahren sind bemerkenswert. Umso mehr, da Scholz in der ersten Befragung zur Warburg-Affäre am 4. März 2020 im Deutschen Bundestag ausführte, dass er schon immer der Auffassung gewesen sei, dass Cum-Ex-Geschäfte illegal sind und waren, egal wie viele Gutachten irgendwelche Professoren oder Rechtsanwälte produzierten. Hätte da nicht maximal ein Treffen gereicht, um dies den Cum-Ex-Bankiers mitzuteilen?

Und warum forderte Scholz den Cum-Ex-Bankier Olearius in einem Telefonat auf, eine Verteidigungsschrift der Warburg-Bank, die bereits in der Finanzverwaltung vorlag, an den damaligen Finanzsenator Peter Tschentscher ›kommentarlos‹ weiterzuleiten? Was sollte der Finanzsenator, der das Schreiben mit Unterstreichung der Argumente der Warburg Bank erneut in die Finanzverwaltung reichte, denn mit dem Schreiben machen?

Zumal der Bundeskanzler später selbst einräumte, dass die Weitergabe eines solchen Schreibens in die Finanzverwaltung durch einen Politiker Einflussnahme ist. Warum forderte der Bundeskanzler

Olearius damals sogar auf, sich in dieser Angelegenheit an ihn – Scholz – zu wenden, wie später durch Tagebücher bekannt wurde?
Warum versuchte Olaf Scholz, den Bundestag und die Öffentlichkeit über diese Treffen zu täuschen und konnte sich erst in einer dritten Befragung des Bundestages plötzlich weder an die Treffen noch an das Schreiben erinnern, obwohl er sich zu beidem zuvor noch konkret geäußert hatte? Und warum steht Scholz bis heute zu seinem Mentor, dem ehemaligen Innensenator Alfons Pawelczyk (SPD), der für die Vermittlung der Treffen mit der Warburg-Bank bezahlt wurde? [...]
Olaf Scholz räumte trotz entsprechender Nachfragen des Hamburger Senats keines der Treffen mit den Bankiers ein, bis er mit beschlagnahmten Tagebüchern eines Bankiers konfrontiert wurde. Erst zur dritten Befragung im Bundestag und nach einer erheblichen medialen Welle will der ›Aktenfresser‹ Scholz angeblich seinen Kalender überprüft haben und beruft sich nunmehr auf Erinnerungslücken. Dies ist vollkommen unglaubwürdig. [...]
Kürzlich hat die CDU/CSU drei Jahre nach Bekanntwerden der Affäre und den drei Befragungen von Olaf Scholz, die ich im Jahr 2020 im Bundestag hierzu initiierte, angekündigt, einen weiteren Untersuchungsausschuss im Bundestag einzurichten. Dies ist ehrenwert, aber leider nicht ganz frei von Ironie.
Denn auch dem Partei- und Fraktionsvorsitzenden der CDU/CSU, Friedrich Merz, dürfte das Thema der Cum-Ex-Aktiendeals nicht völlig fremd sein. Er war unter anderem als Aufsichtsrat für den Vermö-

gensverwalter Blackrock Deutschland tätig, in dessen Münchner Büros im Herbst 2021 eine Durchsuchung der Kölner Staatsanwaltschaft mit Bezug zu Cum-Ex stattfand. Außerdem saß er seit 2010 im Aufsichtsrat der Düsseldorfer Privatbank HSBC Trinkhaus, die zur britischen HSBC-Gruppe gehört. Bei Vorständen der Düsseldorfer Bank fanden Cum -Ex-Razzien statt. Und Merz war erst Partner und dann Senior Counsel der Kanzlei Mayer Brown. Diese warb um Kunden mit Cum-Ex-Vergangenheit und schrieb auf ihrer Homepage: ›Marktteilnehmer könnten als Resultat aus Cum-Ex-Geschäften wachsenden Rechtsrisiken gegenüberstehen.‹ Die Kanzlei wolle ihren Kunden helfen, diesem ›Risiko entgegenzuwirken‹.

Die FDP wiederum umgarnte den ehemaligen Finanzbeamten und Steueranwalt Hanno Berger, der Milliardäre und Multimillionäre dabei beriet, wie sie mit ihrem Privatvermögen über Fonds von Cum-Ex-Deals profitieren können, die institutioneller Investoren bedürfen. Hanno Berger, der nach Auslieferung durch die Schweiz vom Landgericht Bonn zu einer Haftstrafe von acht Jahren verurteilt wurde (er geht gegen das Urteil in Revision, ein weiteres Urteil droht ihm derweil vor einem Gericht in Wiesbaden), ›produzierte‹ Rechtsgutachten zur Absicherung der organisierten Cum-Ex-Kriminalität. Er pflegte intensive Kontakte zum FDP-Ehrenvorsitzenden Hermann Otto Solms, um etwa auf dem Ticket der FDP Sachverständige in den Finanzausschuss des Bundestages zum Steuerthemen zu hieven, und ließ sich anwaltlich durch den Vizepräsidenten des Bundestages, Wolfgang Kubicki (FDP),

vertreten, als dieser noch als Finanzminister einer Jamaika-Koalition gehandelt wurde. [...]
Aus meiner Sicht wäre es zumindest mehr als angemessen gewesen, den Untersuchungsauftrag zu erweitern. Warum etwa nicht die Rolle von Wolfgang Schäuble (CDU) beleuchten, der mit einem Schreiben als Finanzminister 2016 die Untersuchung etlicher Cum-Cum-Geschäfte erschwerte, die sogar noch mehr Schäden als Cum-Ex angerichtet haben. Nachdem der Bundesfinanzhof auch gegen Cum-Cum-Deals eingeschritten war, schickte das Bundesfinanzministerium am 11. November 2016 ein Schreiben an die Landesfinanzminister, welches die Verfolgung der Cum-Cum-Geschäfte erheblich einschränkte. Dadurch wurde es für die Finanzämter nahezu unmöglich, die Milliarden an illegalen Cum-Cum-Geldern zurückzufordern.« [128]

17. April 2023. »jungewelt.de«:
»**Bergers letzter Kampf.** [...] Der 72jährige Jurist klagte am Freitag (14.04.2023) vor dem Landgericht Wiesbaden darüber, welche ›immense Belastung‹ die bald zwei Jahre Untersuchungshaft für ihn seien. [...]
Seit März 2021 schleppt sich der Prozess jetzt hin. Die hessische Generalstaatsanwaltschaft hält Berger für den geistigen Vater des ›Cum-Ex‹-Steuerbetrugssystems, durch das dem deutschen Staat ein Schaden von zehn bis zwölf Milliarden Euro entstanden sein soll. [...] 960 Seiten umfasst die Anklageschrift, Zehntausende von Seiten zählen die Ermittlungsakten. Über Jahre hatte die Ermittlungsgruppe ›Duplo‹ der Steuerfahndung Beweise für

schweren Steuerbetrug zusammengetragen. Auch an diesem Tag werden wieder entlarvende E-Mails in die Verhandlung eingeführt. So hatte das Team Bergers herausgefunden und durch Gutachten prüfen lassen, in welchen Ländern außerhalb Deutschlands die Cum-Ex-Tricks funktionieren würden. Die Steuerfachleute untersuchten die Situation in Spanien, Belgien, der Schweiz, den USA, Schweden, Österreich, Frankreich, Norwegen, Dänemark, Ungarn, Irland, Polen und Finnland. Dabei war den Anwälten sehr wohl klar, dass ihre Tricks gegen geltendes Recht verstoßen würden. In den Mails finden sich verräterische Einschätzungen wie zum Beispiel: ›The perfect crime – nicht zu erkennen!‹ oder auch ›Wäre sogar strafbar!‹ oder ›Ist aber keinesfalls steuerrechtlich zulässig.‹ Ein Land wurde aus einem besonderen Grund verworfen: Malta sei ›zu klein‹, sein Kapitalmarkt zu überschaubar. Die Staatsanwaltschaft wirft Bergers Team, das in der Spitze mehr als 130 Experten umfasste, ›kollusives Zusammenwirken‹ bei seinen Straftaten vor.« [129]

20. April 2023. »msn.com«:
»Frankfurter Allgemeine Zeitung«: »Die Union hat im Bundestag einen Untersuchungsausschuss zur möglichen Verstrickung von Kanzler Olaf Scholz und anderen Politikern in den Steuerskandal um die Hamburger Warburg-Bank beantragt. Es gebe trotz eines ähnlichen Ausschusses in Hamburg weiterhin viele offene Fragen und Widersprüche, sagte der Abgeordnete Matthias Hauer am Donnerstag in Berlin. Scholz habe bislang keinen Aufklärungswillen gezeigt.

Die Ampelregierung wird den von der Opposition geplanten Untersuchungsausschuss zum Finanzskandal bei der Hamburger Warburg-Bank womöglich verhindern. SPD und FDP äußerten rechtliche Bedenken: Es sei fragwürdig, ob der Bundestag diese Hamburger Angelegenheit überhaupt untersuchen dürfe. Außerdem seien alle Fragen im dortigen Ausschuss längst beantwortet worden. ›Der CDU/CSU geht es nicht um Erkenntnisgewinn, sondern um reine Stimmungsmache gegen Olaf Scholz‹, kritisierte der SPD-Abgeordnete Michael Schrodi. [...] Der Bundestag verwies den Antrag der Union auf Einsetzung eines U-Ausschusses am Donnerstag an den Geschäftsordnungsausschuss des Parlaments. Aus Sicht der SPD ist der Bund für viele Punkte, die genauer unter die Lupe genommen werden sollen, gar nicht zuständig. In dem Geschäftsordnungsgremium kann die Union nicht – wie sonst üblich – mit mindestens einem Viertel der Stimmen einen Untersuchungsausschuss einsetzen, sondern braucht eine Mehrheit, die die drei Ampelfraktionen SPD, Grüne und FDP verhindern können. Das wiederum könnte die Union dann vor dem Bundesverfassungsgericht überprüfen lassen, oder alle Fraktionen einigen sich auf einen dann wohl abgespeckten Auftrag des Untersuchungsausschusses.« [130]

27. April 2023. »jungewelt.de«: »Springer-Boss im ›Cum-Ex‹-Sumpf. [...] Für Mathias Döpfner kommt es derzeit knüppeldick. Mitte April machten geleakte Textnachrichten Schlagzeilen, in denen der ohnehin von etlichen

Skandalen gebeutelte Vorstandschef des Axel-Springer-Verlags sich unter anderem abfällig über Ostdeutsche (›Ossis sind entweder Faschisten oder Kommunisten‹) geäußert hatte. Wenige Tage nachdem die *Zeit* die Nachrichten publiziert hatte, kochte der nächste Skandal hoch. Das Magazin *Stern* berichtete über die wirtschaftlichen Beziehungen zwischen dem Springer-Chef und der traditionsreichen Hamburger Warburg-Bank, die tief in die ›Cum-Ex‹-Affäre verstrickt ist (siehe *jW* vom 20.4.). Autor des Beitrags: Oliver Schröm, der mit seinen Recherchen zur Aufklärung des Steuerraubs beigetragen hatte.
Was Schröm herausfand, wirft ein Licht darauf, wie es im Hause Springer um die innere Pressefreiheit bestellt ist und wie im Hamburger Klüngel eine Hand die andere wäscht. Demnach besorgte sich Döpfner das Kapital für seinen ersten großen Einstieg bei Springer als Anteilseigner im Sommer 2006 ausgerechnet bei Christian Olearius, damals Partner und Mitinhaber der Warburg-Bank. [...] Obwohl der Medienmann als Sicherheit nur die Aktien selbst anbieten konnte, gewährte der Banker ihm den Kredit. [...]
Der Zeitpunkt, zu dem sich Döpfner revanchieren konnte, kam zehn Jahre später. Anfang 2016 und im Jahr 2017 stand die Warburg-Bank wegen ihrer ›Cum-Ex‹-Geschäfte im Visier der Justiz. Die Privatbank sollte bis zu 90 Millionen Euro an Steuern aus den illegalen Deals zurückzahlen. Um das abzubiegen, traf sich Olearius nicht nur mit dem damaligen Ersten Bürgermeister Hamburgs und heutigen Bundeskanzler Olaf Scholz (SPD), sondern plante

laut *Stern* auch eine Medienoffensive. Er notierte, dass er sich Rat bei ›Dr. Döpfner‹ holen wolle, um seinen und den guten Ruf seiner Bank wiederherzustellen.
Tatsächlich erschien in der *Welt am Sonntag* Anfang 2018 das erste große Interview von Olearius zu der Affäre, in dem ihm viel Raum gegeben wurde, sich als unschuldig zu präsentieren und Medienschelte zu betreiben. Auch das Springer-Schwesterblatt *Bild* hielt sich damals in Sachen Warburg-Bank und deren Verbindung zur in Hamburg regierenden SPD auffällig zurück. ›Das soll der Skandal sein?‹ fragte *Bild* Anfang 2020, nachdem die Treffen von Olearius mit Scholz bekanntgeworden waren. Die Vorwürfe gegen Olearius und den heutigen Kanzler seien ›kaum noch zu halten‹.
Es liegt der Verdacht nahe, dass bei der Positionierung der beiden Springer-Blätter Vorgaben Döpfners eine Rolle spielten – auch wenn der Konzern dem *Stern* gegenüber behauptete, die ›publizistische Freiheit der Redaktionen‹ stehe über allem. Die von der *Zeit* veröffentlichten Textnachrichten des Verlagsmanagers sprechen eine andere Sprache. Sie zeigen, wie er immer wieder intern Einfluss nahm. So forderte der Springer-Chef vor der letzten Bundestagswahl von der *Bild*-Chefredaktion: ›Please, stärke die FDP.‹ [...]
Tatsächlich ist der Fall Döpfner auch ein Lehrstück dafür, wie Einzelpersonen mit undemokratischen und sozialdarwinistischen Einstellungen im Kapitalismus nach oben gespült werden, und eine Machtposition einnehmen und so kaum noch zu kontrollieren sind.« [131]

10. Mai 2023. »msn.com«:
»Handelsblatt«: »Der von der Union geforderte Cum-Ex-Untersuchungsausschuss rückt näher. Ein Rechtsgutachten der Bundestagsverwaltung schmettert rechtliche Bedenken der SPD ab. Damit könnte der Untersuchungsausschuss noch vor der Sommerpause starten.
Der Untersuchungsausschuss soll beleuchten, ob der heutige Bundeskanzler Olaf Scholz (SPD) in seiner Zeit als Hamburger Bürgermeister 2016 zulasten des Steuerzahlers Einfluss auf die Steuerbehörden genommen hat. [...] ›Eine Kontrolle des Handelns von Landesbehörden durch parlamentarische Untersuchungsausschüsse des Bundestages ist verfassungsrechtlich nicht von vorneherein ausgeschlossen‹, heißt es in dem Gutachten. Dies sei durchaus möglich, etwa zur ›politischen Bewertung der Aufsichtstätigkeit der Bundesregierung‹. [...] War es lange umstritten, ob das fragwürdige Vorgehen *zwar illegitim, aber nicht illegal* war, gibt es inzwischen höchstrichterliche Urteile, die das Vorgehen der Finanzbranche als *unrechtmäßig* erklärten. [...] Politisch brisant wurde die Affäre auch dadurch, dass im Zuge staatsanwaltschaftlicher Ermittlungen Tagebucheinträge des damaligen Warburg-Chefs Christian Olearius auftauchten. Dort berichtete dieser von einem regen Austausch mit der Steuerverwaltung und zwei Treffen sowie einem Telefonat mit Scholz. [...]
In Anhörungen vor dem Finanzausschuss des Bundestags und dem Untersuchungsausschuss in Hamburg verwies Scholz mehrfach auf Gedächtnislücken, was ihm die Opposition nie abnahm. Aller-

dings konnte niemand Scholz nachweisen, dass er tatsächlich intervenierte. Der Beweis fehlt.« [132]

12. Mai 2023. »welt.de«:
»Offenbar haben Beamte des Finanzministeriums 2020 Informationen zu Kontakten des damaligen Chefs Olaf Scholz mit Christian Olearius, gesammelt. Erst Monate später räumte er nach der Enthüllung von Journalisten ein, den Warburg-Banker mehr als einmal getroffen zu haben.
Im Cum-ex-Skandal um die Hamburger Warburg Bank mehrt ein bisher öffentlich nicht bekanntes Dokument Zweifel an der Glaubwürdigkeit von Bundeskanzler Olaf Scholz (SPD), berichtet der ›Spiegel‹. (Spiegel vom 11. Mai 2023, J.H.) Dabei geht es um die Kontakte von Scholz zu Warburg Bank-Miteigner, Christian Olearius.
Aus einer internen E-Mail des Bundesfinanzministeriums (BMF) vom 30. Juni 2020 geht hervor, dass die Beamten Informationen dazu in einer Word-Datei sammelten („8Kontakt mit Herrn Olearius.docx"). Die Datei diente demnach dazu, Scholz für die Sitzung des Finanzausschusses am 1. Juli 2020 vorzubereiten, in der er befragt wurde. Die zuständige Abteilung habe für die Vorbereitung auch ›Rücksprache‹ mit Scholz gehalten, heißt es in der Mail.
Die Angelegenheit ist heikel für den Kanzler: Erst im September 2020 räumte er ein, es habe nicht nur ein Treffen mit Olearius gegeben, sondern drei. Damals reagierte Scholz auf die Enthüllung von Journalisten. Er habe wegen der Berichte erstmals seinen Terminkalender auswerten lassen, in dem

die beiden weiteren Treffen zu finden seien. An sämtliche Gespräche habe er keine eigene Erinnerung mehr. [...]
Fragen des ›Spiegel‹ zu der Mail wollte das Finanzministerium nicht beantworten. Auf eine Anfrage des Linken-Abgeordneten Christian Görke, heißt es, für die Sitzung im Juli 2020 habe das Fachreferat für Scholz ›wie üblich eine Vorbereitung erstellt‹. Sie habe sich auch auf ›mögliche Fragen durch die Mitglieder des Finanzausschusses‹ zur Warburg-Bank bezogen. Ein Aspekt sei auch ›eine Frage zu Kontakten mit Herrn Olearius‹ gewesen.« [133]

❖

In den hier auszugsweise zitierten 114 öffentlich zugänglichen Informationen verschiedenster Art wird das Dilemma des bürgerlich-kapitalistischen deutschen Staates deutlich. In diesen ausgewählten Beiträgen, erschienen zwischen dem 18. Februar 2020 und dem 12. Mai 2023, also verteilt auf 29 Monate, spiegelt sich eine grundsätzliche Aussage zur kapitalistischen Gesellschaft wider. Demnach ist das bürgerliche Recht einzig der zum Gesetz erhobene Wille der herrschenden kapitalistischen Klasse – des Monopol- und Finanzkapitals.
Markante Belege dafür finden sich unter anderem in der bis heute ungeklärten politischen Verantwortung für den das »Cum-Ex«-Geschehen ermöglichenden *»Crossing-over«-Gesetzgebungstexten* des Jahressteuergesetzes 2007 und der seit (zu) vielen Jahren andauernden inkonsequenten Verfolgung und Ahndung der »Cum-Ex«- Verbrechen an den steuerzahlenden Bürger.

7. Die Causa Olaf Scholz und Peter Tschentscher im »Cum-Ex«-Skandal

Trotz konkreter und erdrückender Beweise stehen die meisten der politisch Verantwortlichen für die kriminellen »Cum-Ex«-Akte weiter im Schatten. Selbst die diesbezüglich seit Jahren direkt im kritischen Rampenlicht stehenden Politiker wie Olaf Scholz und Peter Tschentscher können ruhig schlafen. Denn das öffentlich gewordene Handeln der SPD-Granden im Stadtstaat Hamburg vollzog sich im Einklang mit der Sicherung der Kapitalherrschaft – zulasten der steuerzahlenden Bürger.
In der folgenden Kurzfassung der Ereignisse aus den 114 auszugsweise zitierten Beiträgen wird die Kausalität des Handelns der deutschen Staatsanwaltschaft und Gerichte als »natürliche« Partner der vom Kapital gesteuerten deutschen Politik und Gesellschaft deutlich.

☞**Januar 2016.** Die Kölner Staatsanwaltschaft, die sich in Deutschland schwerpunktmäßig mit sogenannten Cum-Ex-Aktiendeals befasst, nimmt im Januar 2016 Ermittlungen gegen das Hamburger Bankhaus »M.M. Warburg & CO« auf. Diese Staatsanwaltschaft über- mittelt den Hamburger Behörden Hinweise, wonach diese Bank zwischen 2006 und 2011 insgesamt etwa 170 Millionen Euro an Erstattungen der Kapitalertragssteuer zu Unrecht erhalten hatte. Teilsummen drohen in den Jahren 2016 und 2017 zu verjähren.

☞**7. September 2016.** Hamburgs Erster Bürgermeister Olaf Scholz trifft das erste Mal die Bankiers des Bankhauses »M.M. Warburg & CO« am 7. September 2016.

☞**5. Oktober 2016.** Die in Hamburg für die »M.M.Warburg & CO«- Bank zuständige Finanzbeamtin Frau Daniela P. schreibt am 5. Oktober 2016 ein 28-seitiges Gutachten. In ihrem umfangreichen Papier wird die rechtliche Situation gewürdigt. Sie will die mutmaßlich ergaunerten Steuermillionen der »M.M.Warburg & CO«-Bank zurückholen und bittet dafür ihre Vorgesetzten um Zustimmung.

☞**13. Oktober 2016.** Der damalige SPD-Finanzsenator Peter Tschentscher wird am 13. Oktober 2016 von der Leiterin der Steuerverwaltung über den Fall der »M.M.Warburg & CO«-Bank informiert.

☞**26. Oktober 2016.** Der ErsteBürgermeister Olaf Scholz empfängt am 26. Oktober 2016 erneut die Mitinhaber des Bankhauses »M.M.Warburg & CO« im Rathaus. Die Banker übergeben eine siebenseitige Verteidigungsschrift gegen die anstehende Millionenrückforderung des Fiskus. Sie begründen darin ihre angebliche Unschuld.

☞**27. Oktober 2016.** Nach dem Zusammentreffen mit Olaf Scholz sendet die »M.M.Warburg & CO«-Bank am 27. Oktober 2016 die Verteidigungsschrift ebenfalls an die Finanzbeamtin Frau Daniela P.

☞**8. November 2016.** Olaf Scholz und Peter Tschentscher telefonieren am 8. November 2016 zur »M.M.Warburg & CO«- Bank.

»Scholz behauptet später [...] in der zunächst geheimen Sitzung (des Finanzausschusses des Bundestages) am 1. Juli 2020, dass bis zu einem Austausch mit dem Bundesfinanzministerium am 16. November 2017 keinerlei Gespräche im Hamburger Senat über die Steuersache Warburg geführt wurden. In einer dritten, nicht-geheimen Befragung des Finanzausschusses des Bundestages am 9. September 2020, [...] will Scholz sich wiederum an einen solchen Austausch mit Tschentscher nicht mehr ›erinnern‹. Obwohl er sich nicht erinnern könne, wisse er aber genau, dass Tschentscher keinen Einfluss genommen habe.« *(Zitat: Quelle 128)*

☞**9. November 2016.** Am 9. November 2016 greift Bürgermeister Olaf Scholz, laut den Olearius-Tagebüchern, aktiv zum Telefonhörer und ruft den Mitinhaber der »M.M. Warburg & CO«-Bank, Christian Olearius an. Er rät dem Banker, seine Verteidigungsschrift, welche dem Finanzamt ja bereits vorlag, »kommentarlos« an den damaligen Finanzsenator und derzeitigen Ersten Bürgermeister von Hamburg, Peter Tschentscher, zu schicken. Noch am selben Tag kommt dieses Dokument bei Tschentscher an.

☞**14. November 2016.** Finanzsenator Tschentscher schreibt mit grüner Tinte (grüne Tinte ist in der öffentlichen Verwaltung nur Ministern bzw. Senatoren vorbehalten) »bitte um Informationen zum Sachstand« auf das Anschreiben von Olearius und schickt es am 14. November 2016 weiter in die Steuerabteilung der Finanzverwaltung. Auch die Verteidigungsschrift sendet er mit.

☞**17. November 2016.** Die Finanzbeamtin Daniela P. wird am 17. November 2016 in die Finanzbehörde einbestellt. Im Widerspruch zu ihrem eigenen 28-seitigen Gutachten vom 5. Oktober 2016 vertritt Daniela P. *nach* dieser Zusammenkunft die Meinung, von der »M.M.Warburg & CO«-Bank keine Steuern zurückzufordern – und damit Steuerforderungen aus den Cum-Ex-Geschäften teilweise verjähren zu lassen. Die Stadt Hamburg will damit auf die Rückforderung von 47 Millionen Euro ergaunerten Kapitalertragssteuern verzichten.

☞**23. November 2016.** Finanzsenator Tschentscher informiert sich am 23. November 2016 über den formulierten Verzicht auf 47 Millionen Euro Kapitalertragssteuer von der »M. M.Warburg & CO«-Bank. Zu der am 17. November 2016 getroffene Entscheidung hat Herr Tschentscher zwei Nachfragen zu Details, aber offenbar keine Einwände oder Bedenken, die Millionen nicht zurückzufordern. Damit sind aus damaliger Sicht die 47 Millionen Euro, die Hamburg von der Warburg-Bank nicht zurückfordert, am 1. Januar 2017 verjährt.

☞**8. November 2017.** »Nachdem das Bundesfinanzministerium eine erneute Verjährung der Tatbeute in Höhe von diesmal 43 Millionen Euro aus dem Steuerjahr 2010 verhindern will, greift es am 8. November 2017 zu seiner schärfsten Waffe und weist Hamburg schriftlich an, die Tatbeute einzuziehen. Ein solcher Vorgang kommt äußert selten vor.« *(Zitat: Quelle 128)*

☞**10. November 2017.** »Die Weisung trifft am 10. November 2017 in Hamburg auf dem Postweg ein.« *(Zitat: Quelle 128)*

☞**10. November 2017.** Hamburgs Erster Bürgermeister Olaf Scholz trifft wieder den Bankier Olearius der »M.M.Warburg & CO«-Bank. Gegenstand ist die an diesem Tag eingehende Weisung des Bundesfinanzministeriums, die Tatbeute einzuziehen.

☞**15. Februar 2022.** Der Hamburger Rechtsanwalt Dr. jur. h. c. Strate stellt »Strafanzeige gegen

Herrn Olaf Scholz, [...] zur Zeit Bundeskanzler der Bundesrepublik Deutschland, [...] und gegen Herrn Dr. Peter Tschentscher, [...] zur Zeit Erster Bürgermeister (Präsident des Senats) der Freien und Hansestadt Hamburg, [...] wegen Beihilfe zur Steuerhinterziehung sowie – im Falle des Herrn Scholz – wegen falscher uneidlicher Aussage, strafbar gemäß §§ 370 Abs. 1 Nrn. 1 und 2 AO, 27 StGB StGB sowie gemäß § 153, 162 Abs. 2 StGB.« *(Zitat: Quelle 49)*

☞**14. März 2022.** »Staatsanwaltschaft Hamburg [...] Sehr geehrter Herr Dr. jur. h. c. Strate, im Hinblick auf Ihre Anzeige wurde gemäß § 152 Abs. 2 der Strafprozessordnung (StPO) davon abgesehen, ein Ermittlungsverfahren einzuleiten. [...] Auf die bloß subjektive Annahme der Falschheit einer Aussage lässt sich ein Anfangsverdacht nicht stützen.« *(Zitat: Quelle 55)*

☞**12. August 2022.** »Generalstaatsanwaltschaft Hamburg. [...] Sehr geehrter Herr Dr. h. c. Strate, die Staatsanwaltschaft Hamburg hat Ihrer vorbezeichneten Beschwerde nicht abgeholfen und die Akten daher ordnungsgemäß der Generalstaatsanwaltschaft zur sachlichen Nachprüfung der Einstellungsentscheidung vom 14.03.2022 zugeleitet.« *(Zitat: Quelle 78)*

☞**6. März 2023.** Rechtsanwalt Dr. jur. h. c. Strate: »Erklärung zu der Pressemitteilung der Generalstaatsanwaltschaft Hamburg vom 06. März 2023. [...] In einer Pressemitteilung vom heutigen Tage äußert sich die Generalstaatsanwaltschaft Hamburg zu der bereits am 15. Februar 2023 verfügten Entscheidung, weiterhin keinen Anfangsverdacht einer Falschaussage durch den ehemaligen Hamburger

Bürgermeister Olaf Scholz sehen zu wollen.
[...] Selten hat sich die Leitung einer Strafverfolgungsbehörde so pflichtvergessen gezeigt wie in diesem Falle. Die Generalstaatsanwaltschaft Hamburg versteht sich weiterhin als Schutz- und Trutzwall der Stadtregierung. Ihre Entscheidung, dem ehemaligen Bürgermeister dieser Stadt jeden Gedächtnisschwund zuzubilligen, stellt sich der Sache nach auch als Versuch dar, auf die Arbeit des Parlamentarischen Untersuchungsasusschusses, der für den 14. April 2023 die ersten Zeugen zu den Aussagen des ehemaligen Bürgermeisters vor dem Finanzausschuss des Deutschen Bundestages geladen hat, unmittelbar Einfluss zu nehmen.« (Zitat: Quelle 115)
☞**15. April 2023.** »Berliner-zeitung.de«:»Hat Olaf Scholz gelogen? Fabio De Masi sagt: *Ja.*« (Zitat: Quelle 128)

8. Epilog

Am 25. Mai 2023 verkündete unter anderen der »Tagesspiegel«: »Energieschock drückt Deutschland in *Rezession*. [...] Weil die Wirtschaft auch im letzten Quartal 2022 schrumpfte, befindet sich die Bundesrepublik damit in einer sogenannten technischen Rezession. So etwas kommt selten vor. Davon sprechen Ökonomen, wenn die Wirtschaftsleistung zwei Quartale in Folge abnimmt. [...] Die jährliche Teuerung lag im April mit 7,2 Prozent aber immer noch auf ungewöhnlich hohem Niveau.« [134]
So stiegen bis Mai 2023 die Energiekosten für Privathaushalte um *29,7* Prozent, während die Preise für Grundnahrungsmittel *13,4* Prozent zulegten. Mit der deshalb drastisch zurückgehenden Nachfra-

ge der Verbraucher nahm das Sterben der kleinen und mittelständischen Unternehmen – und damit die Deindustrialisierung in Deutschland Fahrt auf. Als lachende Dritte fungierte hingegen wie stets das herrschenden Monopol- und Finanzkapital.
In den gesamten EU-Staaten und auch in den USA gab es zur gleichen Zeit *keine* Rezession, sondern Wachstum, wenn auch nur ein sehr geringes. Warum also in Deutschland? Woran lag das? Dies war das Ergebnis der Arbeit der deutschen Bundesregierung und vor allem ihres SPD-Kanzlers. Es war und ist die Bilanz eines vom Kapital gesteuerten, US-hörigen Rüstungs- und Ukraine-Kriegs-geilen Handelns – gegen die Interessen der Bürger.
Wir erinnern uns!
Im Interview mit dem »DER TAGESSPIEGEL« verkündete der noch Finanzminister in der CDU-Merkel-Regierung und inzwischen frisch gekürte Kanzlerkandidat der SPD noch am 10. Dezember 2020: *»Der wirtschaftskompetenteste Kanzler, den man kriegen kann, heißt aber Olaf Scholz [sic!].«* [135]

➤

»Deutschland. Ein Wintermärchen« (1844)

Heinrich Heine

Caput I

»Im traurigen Monat November war's,
Die Tage wurden trüber,
Der Wind riß von den Bäumen das Laub,
Da reist ich nach Deutschland hinüber.
[...]
Ein kleines Harfenmädchen sang.

Sie sang mit wahrem Gefühle
Und falscher Stimme, doch ward ich sehr
Gerühret von ihrem Spiele.
[...]
Sie sang das alte Entsagungslied,
Das Eiapopeia vom Himmel,
Womit man einlullt, wenn es greint,
Das Volk, den großen Lümmel.

Ich kenne die Weise, ich kenne den Text,
Ich kenn auch die Herren Verfasser;
Ich weiß, sie tranken heimlich Wein
Und predigten öffentlich Wasser.«

Quellenverzeichnis

[1] Quelle: www.kredite.de/Wiki/cum-ex-geschaefte. Aufgerufen am 8. Dezember 2022.

[2] Karl Marx/Friedrich Engels, »Manifest der Kommunistischen Partei«, Dietz Verlag Berlin 1973, Seite 39 (Text nach der letzten von Friedrich Engels besorgten Ausgabe von 1890, identisch mit MEW, Band 4, 459–493).

[3] Karl Marx/Friedrich Engels, »Das Kapital«, dritter Band, Kritik der politischen Ökonomie, 1894, Werke (MEW) Band 25, Dietz Verlag, Berlin 1976, Seiten 259/260.

[4] Karl Marx/Friedrich Engels, »Das Kapital«, dritter Band, Kritik der politischen Ökonomie, 1894, Werke (MEW) Band 25, Dietz Verlag, Berlin 1976, Seite 454.

[5] Quelle: www.jungewelt.de/beilage/art/427916. Aufgerufen am 15. Juni 2022.

[6] Quelle: www.oxfam.de/system/files/documents/oxfam_factsheet_davos-2023_umsteuern.pdf. Aufgerufen am 16. Januar 2023.

[7] Quelle: www.handelsblatt.com/unternehmen/management/dividenden-dax-unternehmen-zahlen-so-viel-dividende-wie-noch-nie/28834770. html?utm_ campaign=Sahra%20Wagenknecht & utm_medium=email&utm_source=Revue%20newsletter. Aufgerufen am 1. Dezember 2022.

[8] Quelle: www.strate.net/de/dokumentation/Strafanzeige-HSH.pdf. Aufgerufen am 16. November 2022.

[9] Quelle: www.bing.com/videos/search? q=HSH-Bankenrettung %3a+Das+große+Scheitern+%7c+Das+Erste+-+Panorama+-+Sen dungsarchiv+-+2017+(ndr.de)&d cid=6080037958191122OO&mid = 0226C25E93 ED99F35C9B0226C25E93ED99F35C9 B&view= detail&FORM=VIRE. Aufgerufen am 20. Mai 2017.

[10] Quelle: www.ndr.de/nachrichten/hamburg/HSH-Nordbank-Hamburg-und-Schleswig-Holstein-werden-Altlasten-los, nordbank308.html. Aufgerufen am 22. Februar 2022.

[11] Sascha Adamek, Kim Otto, »Der gekaufte Staat. Wie Konzernvertreter in deutschen Ministerien sich ihre Gesetze selbst schreiben«, Verlag Kiepenheuer & Witsch 2009, Seite 9.

[12] Roger de Weck, »Nach der Krise. Gibt es einen anderen Kapitalismus?«, Verlag Nagel und Kimche 2009, Seite 26.

[13] Quelle: »Abgeordnetenwatch.de«. E-Mail vom 5. Juni 2022.

[14] Quelle: www.ohne-ruestung-leben.de/nachrichten/article/bundestagswahl-2021-wahlprogramme-abruestung-ruestungsex

port-friedenspolitik-atomwaffen-431.html. Aufgerufen am 28. Februar 2023.
[15] Quelle: »Grüner Filz« im Habeck-Ministerium: Firma von Graichen-Mitarbeiter wird mit 700.000 Euro gefördert – RT DE. Aufgerufen am 4. Mai 2023.
[16] Sascha Adamek, Kim Otto, »Der gekaufte Staat. Wie Konzernvertreter in deutschen Ministerien sich ihre Gesetze selbst schreiben«, a. a. O., Seiten 11 und 13.
[17] Homepage »BDI«, »Der BDI – Spitzenverband der deutschen Wirtschaft. Wir über uns«. Aufgerufen am 30. Mai 2012.
[18] »Bürgerbewegung FINANZWENDE« e.V. (Hg.), Studie: »FINANZLOBBY: IM AUFTRAG DES GELDES. Wie die Finanzlobby in Deutschlanddie Politik beeinflusst.« Quelle: www.finanzwende-recherche.de/unsere-themen/finanzlobbyismus/studie-im-auftrag-des-geldes/. Aufgerufen am 9. Dezember 2022.
[19] Quelle: www.abgeordnetenwatch.de/blog/2020/cumex-skandal?pk_campaign=nl20200113. Aufgerufen am 13. Januar 2020.
[20] Quelle: www.jungewelt.de/artikel/372842.politische-schützenhilfe.html. Aufgerufen am 18. Februar 2020.
[21] Quelle: www.ndr.de/nachrichten/hamburg/Cum-Ex-Buergerschaft-beschliesst-Untersuchungsausschuss,cumex280.html. Aufgerufen am 28. Oktober 2020.
[22] Quelle: www.ndr.de/nachrichten/hamburg/Cum-Ex-Affaere-Untersuchungsausschuss-konstituiert-sich,cumex284.html. Aufgerufen am 6. Novembert 2020.
[23] Quelle: www.sueddeutsche.de/wirtschaft/cum-ex-skandal-olearius-warburg-1.5114649. Aufgerufen am 13. November 2020.
[24] Quelle: www.ndr.de/nachrichten/hamburg/Cum-Ex-Untersuchungsausschuss-Klagen-ueber-zaehen-Start,cumex292.html. Aufgerufen am 5. Februar 2021.
[25] Quelle: www.ndr.de/nachrichten/hamburg/Cum-Ex-Affaere-Ehemalige-Finanzbeamtin-sagt-aus,cumex342.html. Aufgerufen am 6. August 2021.
[26] Quelle: www.ndr.de/nachrichten/hamburg/PUA-Cum-Ex-Finanzamtsmitarbeiter-sagt-aus,cumex354.html. Aufgerufen am 2. Oktober 2021.
[27] Quelle: https://daserste.ndr.de/panorama/archiv/2021/ Cum-Ex-Steuerraeuber-ohne-Schuldgefuehl,cumex358.html. Aufgerufen am 21. Oktober 2021.
[28] Quelle: www.statista.com/infografik/26036/geschaetzter-steuerverlust-durch-cum-cum-und-cum-ex/. Aufgerufen am 22. Oktober 2021.

[29] Quelle: www.ndr.de/nachrichten/hamburg/Cum-Ex-Ausschuss-beraet-ueber-Befangenheitsantrag,cumex392.html. Aufgerufen am 22. Oktober 2021.
[30] Quelle: www.ndr.de/nachrichten/hamburg/Cum-Ex-Ausschuss-hoert-Zeugin-aus-dem-Finanzamt,cumex400.html. Aufgerufen am 23. Oktober 2021.
[31] Quelle: www.jungewelt.de/artikel/413651.cum-ex-berliner-sparda-bank-durchsucht.html. Aufgerufen am 28. Oktober 2021.
[32] Quelle: www.ndr.de/nachrichten/hamburg/Cum-Ex-Ausschuss-Abteilungsleiter-der-Finanzbehoerde-sagt-aus,cumex402.html. Aufgerufen am 6. November 2021.
[33] Quelle: www.ndr.de/nachrichten/hamburg/Cum-Ex-Affaere-Neue-Akten-aufgetaucht,cumex406.html. Aufgerufen am 18. November 2021.
[34] Quelle: www.ndr.de/nachrichten/hamburg/Illegale-Steuererstattung-an-Banken-Zwoelf-Verdachtsfaelle-in-Hamburg,steuern 426.html. Aufgerufen am 30. November 2021.
[35] Quelle: www.ndr.de/nachrichten/hamburg/Cum-Ex-Affaere-Koelner-Oberstaatsanwaeltin-sagt-aus,cumex410.html. Aufgerufen am 3. Dezember 2021.
[36] Quelle: www.ndr.de/nachrichten/hamburg/Cum-Ex-Reist-der-Untersuchungsausschuss-zu-Scholz-nach-Berlin,cumex412.html. Aufgerufen am 13. Dezember 2021.
[37] Quelle: www.ndr.de/nachrichten/hamburg/Cum-Ex-Affaere-Olearius-schildert-seine-Sicht,cumex418.html. Aufgerufen am 17. Dezember 2021.
[38] Quelle: www.ndr.de/nachrichten/hamburg/Cum-Ex-Affaere-Ruecktrittsforderungen-an-Tschentscher,cumex414.html. Aufgerufen am 17. Dezember 2021.
[39] Quelle: www.jungewelt.de/artikel/416776.steuergeschenke-von-scholz-und-co-spd-im-bankenfilz.html. Aufgerufen am 18. Dezember 2021.
[40] Quelle: www.ndr.de/nachrichten/hamburg/Cum-Ex-Affaere-Senat-will-Ausschuss-weitere-Akten-vorlegen,cumex422.html. Aufgerufen am 21. Dezember 2021.
[41] Quelle: www.ndr.de/nachrichten/hamburg/Cum-Ex-Affaere-Scholz-wusste-offenbar-von-Vorermittlungen,cumex424.html. Aufgerufen am 30. Dezember 2021.
[42] Quelle: www.jungewelt.de/artikel/417594.finanzskandale-cum-ex-holt-scholz-ein.html. Aufgerufen am 31. Dezember 2021.
[43] Quelle: www.tagesschau.de/investigativ/panorama/cum-ex-159.html. Aufgerufen am 6. Januar 2022.

[44] Quelle: www.jungewelt.de/artikel/418137.steuerbetrug-alles-für-die-bank.html. Aufgerufen am 10. Januar 2022.

[45] Quelle: www.ndr.de/nachrichten/hamburg/Ausschuss-zur-Cum-Ex-Affaere-Chef-des-Steuerzahlerbunds-sagt-aus,cumex430.html. Aufgerufen am 21. Januar 2022.

[46] Quelle: www.ndr.de/nachrichten/hamburg/Cum-Ex-Affaere-Aussage-von-Mitarbeitern-des-Bundesfinanzministeriums,cumex432.html. Aufgerufen am 5. Februar 2022.

[47] Quelle: www.t-online.de/region/hamburg/news/id_ 91636 816/hamburg-tschentscher-sagt-am-6-mai-zu-cum-ex-skandal-aus.html. Aufgerufen am 9. Februar 2022.

[48] Quelle: www.tagesschau.de/wirtschaft/urteil-cum-ex-101.html. Aufgerufen am 9. Februar 2022.

[49] Quelle: www.strate.net/wp-content/uploads/2022/02/GenStA-2022-02-15.pdf. Homepage. Aufgerufen am 16. Februar 2022.

[50] Quelle: www.manager-magazin.de/politik/cum-ex-affaere-staranwalt-gerhard-strate-zeigt-olaf-scholz-und-peter-tschentscher-an-a-c729c9c6-6db7-49da-9107-7288d4454e30. Aufgerufen am 18. Februar 2022.

[51] Quelle: www.jungewelt.de/artikel/421244.geschäfte-der-warburg-bank-beihilfe-zum-steuerraub.html. Aufgerufen am 22. Februar 2022.

[52] Quelle: www.ndr.de/nachrichten/hamburg/Cum-Ex-Staatsanwalt-stuetzt-Finanzamtsentscheidung-zu-Warburg-Bank, cumex440.html. Aufgerufen am 5. März 2022.

[53] Quelle: www.n-tv.de/regionales/hamburg-und-schleswig-holstein/Cum-Ex-Skandal-kommt-als-Achtteiler-ins-TV-article23193484.html. Aufgerufen am 15. März 2022.

[54] Quelle: www.welt.de/regionales/hamburg/article237565205/Cum-Ex-Skandal-Staatsanwaltschaft-sieht-von-Ermittlungen-gegen-Olaf-Scholz-ab. Aufgerufen am 16. März 2022.

[55] Quelle: www.strate.net/wp-content/uploads/2022/03/Einstellungsbescheid-StA-Hamburg-22-03-14.pdf. Aufgerufen am 16. März 2022.

[56] Quelle: www.strate.net/wp-content/uploads/2022/03/Stellungnahme-zu-dem-Bescheid-der-StA-HH-22-03-15.pdf. Aufgerufen am 16. März 2022.

[57] Quelle: www.strate.net/wp-content/uploads/2022/03/Beschwerde-StA-Hamburg-22-03-22.pdf. Aufgerufen am 24. März 2022.

[58] Quelle: www.jungewelt.de/artikel/423229.finanzskandal-liberale-im-cum-ex-strudel.html. Aufgerufen am 24. März 2022.

[59] Quelle: www.ndr.de/nachrichten/hamburg/Cum-Ex-Affaere-SPD-Schatzmeister-vor-Untersuchungsausschuss,cumex446.html. Aufgerufen am 25. März 2022.
[60] Quelle: www.hessenschau.de/wirtschaft/prozessauftakt-gegen-cum-ex-schluesselfigur-berger,cum-ex-berger-prozess-100.html?msclkid= b902 b1c0b 41411ec8b80c358d2b18d72. Aufgerufen am 4. April 2022.
[61] Quelle: www.ndr.de/nachrichten/hamburg/Kniescheibe-gebrochen-Dressel-nicht-als-Zeuge-im-Cum-Ex-Ausschuss,cumex 448.html. Aufgerufen am 9. April 2022.
[62] Quelle: www.ndr.de/nachrichten/hamburg/Dressel-sagt-vor-Cum-Ex-Ausschuss-aus,cumex450.html. Aufgerufen am 29. April 2022.
[63] Quelle: www.ndr.de/nachrichten/hamburg/Cum-Ex-Affaere-Olearius-legt-gegen-Dressel-nach,cumex454.html. Aufgerufen am 4. Mai 2022.
[64] Quelle: www.ndr.de/nachrichten/hamburg/Tschentscher-weist-Vorwuerfe-vor-Cum-Ex-Ausschuss-zurueck,cumex456.html. Aufgerufen am 7. Mai 2022.
[65] Quelle: www.tagesschau.de/investigativ/cum-ex-warburg-bank-olearius-spd-101.html. Aufgerufen am 13. Mai 2022.
[66] Quelle: www.ndr.de/nachrichten/hamburg/Cum-Ex-Affaere-Tschentscher-soll-erneut-als-Zeuge-aussagen,cumex460.html. Aufgerufen am 20. Mai 2022.
[67] Quelle: www.ndr.de/nachrichten/hamburg/Ausschuss-zur-Cum-Ex-Affaere-Warburg-Anwaelte-stellen-Bedingungen, cumex464.html. Aufgerufen am 3. Juni 2022.
[68] Quelle: www.ndr.de/nachrichten/hamburg/Scholz-soll-erneut-vor-Hamburger-Cum-Ex-Ausschuss-aussagen,cumex468.html. Aufgerufen am 17. Juni 2022.
[69] Quelle: www.ndr.de/nachrichten/hamburg/Dauert-Cum-Ex-Ausschuss-in-Hamburg-laenger-als-bislang-angenommen,cumex 470.html. Aufgerufen am 1. Juli 2022.
[70] Quelle: www.ndr.de/nachrichten/hamburg/Cum-Ex-Anklage-gegen-Miteigentuemer-der-Warburg-Bank,cumex472.html. Aufgerufen am 6. Juli 2022.
[71] Quelle: www.tagesschau.de/investigativ/wdr/cum-ex-warburg-finanzbehoerde-101.html. Aufgerufen am 28. Juli 2022.
[72] Quelle: www.hamburg.de/nachrichten-hamburg/16378750/cdu-will-scholz-aussage-vor-dem-cum-ex-pua-verschieben/. Aufgerufen am 31. Juli 2022.
[73] Quelle: www.ndr.de/nachrichten/hamburg/Teuflischer-Plan-

Chatnachrichten-liegen-jetzt-Cum-Ex-Ausschuss-vor,cumex476.html. Aufgerufen am 5. August 2022.
[74] Quelle: www.ndr.de/nachrichten/hamburg/Cum-Ex-Durchsuchungen-Mehr-als-200000-Euro-bei-Kahrs-gefunden,cumex478.html. Aufgerufen am 8. August 2022.
[75] Quelle: www.ndr.de/nachrichten/hamburg/Cum-Ex-Affaere-Ausschuss-in-Hamburg-vernimmt-Zeugen,cumex484.html. Aufgerufen am 9. August 2022.
[76] Quelle: www.ndr.de/nachrichten/hamburg/Sommerinterview-Fegebank-will-mehr-Aufklaerung-im-Cum-Ex-Skandal,fegebank470.html. Aufgerufen am 11. August 2022.
[77] Quelle: www.ndr.de/nachrichten/hamburg/Cum-Ex-Affaere-Peiner-wirft-Tschentscher-Fehlverhalten-vor,cumex488.html. Aufgerufen am 11.August 2022.
[78] Quelle: www.strate.net/wp-content/uploads/2022/08/Beschwerdeentscheidung-10.08.2022.pdf . Aufgerufen am 12. August 2022.
[79] Quelle: www.strate.net/wp-content/uploads/2022/08/Erklaerung-zu-dem-Bescheid-der-Generalstaatsanwaltschaft.pdf. Aufgerufen am 12. August 2022.
[80] Quelle: www.msn.com/de-de/nachrichten/politik/cdu-will-kanzleramtsminister-vor-cum-ex-ausschuss-laden/ar-AA10AIEG?ocid=msedgdhp&pc =U531&cvid=b230798d73ac4625a302064414df923b. Aufgerufen am 13. August 2022.
[81] Quelle: www.ndr.de/nachrichten/hamburg/Sommerinterview-Tschentscher-weist-Cum-Ex-Vorwuerfe-zurueck, tschentscher1074.html. Aufgerufen am 13. August 2022.
[82] Quelle: www.strate.net/wp-content/uploads/2022/08/GenStA-2022-08-14.pdf. Aufgerufen am 15. August 2022.
[83] Quelle: www.handelsblatt.com/finanzen/banken-versicherungen/banken/cum-ex-skandal-warburg-bank-gesellschafter-olearius-geht-gegen-anklage-vor/28601454.html. Aufgerufen am 16. August 2022.
[84] Quelle: www.tagesschau.de/investigativ/ndr/scholz-cum-ex-103.html. Aufgerufen am 17. August 2022.
[85] Quelle: www.ndr.de/nachrichten/hamburg/Cum-Ex-Ausschuss-Scholz-bestreitet-jegliche-Einflussnahme,cumex498.html. Aufgerufen am 19. August 2022.
[86] Quelle: www.ndr.de/nachrichten/hamburg/Buergerschaft-streitet-ueber-Cum-Ex-Ausschuss,buergerschaft1022.html. Aufgerufen am 24. August 2022.
[87] Quelle: www.ndr.de/nachrichten/hamburg/Streit-ueber-Zwi-

schenbericht-zum-Cum-Ex-Ausschuss,cumex500.html. Aufgerufen am 15. September 2022.
[88] Quelle: www.ndr.de/nachrichten/hamburg/Cum-Ex-Ausschuss-Kanzleramtsminister-Schmidt-als-Zeuge-geladen,cumex502.html. Aufgerufen am 16. September 2022.
[89] Quelle: www.jungewelt.de/artikel/435386.korruption-der-boss-holte-millionen-raus.html. Aufgerufen am 26. September 2022.
[90] Quelle: www.jungewelt.de/artikel/436592.der-kanzler-und-die-steuerdeals-scholz-langer-schatten.html. Aufgerufen am 14. Oktober 2022.
[91] Quelle: www.strate.net/wp-content/uploads/2022/10/StA-2022-10-18.pdf. Aufgerufen am 31. Oktober 2022.
[92] Quelle: www.ndr.de/nachrichten/hamburg/Cum-Ex-Ausschuss-soll-sich-auch-mit-HSH-Nordbank-beschaeftigen,cumex514.html. Aufgerufen am 17. November 2022.
[93] Quelle: www.ndr.de/nachrichten/hamburg/Buergerschaft-erweitert-Untersuchungen-in-Cum-Ex-Affaere,cumex516.html. Aufgerufen am 30. November 2022.
[94] Quelle: www.zeit.de/wirtschaft/2022-12/hanno-berger-cum-ex-staatsanwaltschaft-haft?utm_referrer=https%3A%2F%2Fwww.bing.com%2F. Aufgerufen am 7. Dezember 2022.
[95] Quelle: www.faz.net/aktuell/wirtschaft/hanno-berger-zu-acht-jahren-haft-verurteilt-cum-ex-prozess-in-bonn-18530836.html. Aufgerufen am 13. Dezember 2022.
[96] Quelle: www.spiegel.de/politik/deutschland/olaf-scholz-aussagen-zur-cum-ex-affaere-im-finanzausschuss-sollen-nicht-mehr-als-verschlusssache-gelten-a-d142b515-d329-4948-840f-f9853b13706f. Aufgerufen am 14. Dezember 2022.
[97] Quelle: www.ndr.de/nachrichten/hamburg/Warburg-Anwaelte-begruessen-Ausweitung-der-Cum-Ex-Untersuchung,cumex520.html. Aufgerufen am 16. Dezember 2022.
[98] Quelle: www.focus.de/politik/deutschland/neuer-hinweis-belastet-den-kanzler-putzfrau-soll-scholz-in-villa-von-warburg-banker-erkannt-haben _id _180671199.html. Aufgerufen am 19. Dezember 2022.
[99] Quelle: www.jungewelt.de/artikel/440658.wirtschaftskriminalität-purer-wirklichkeitsverlust.html. Aufgerufen am 19. Dezember 2022.
[100] Quelle: www.strate.net/wp-content/uploads/2022/12/StA-2022-12-23.pdf. Aufgerufen am 26. Dezember 2022.
[101] Quelle: www.strate.net/wp-content/uploads/2022/12/Be-

schwerde-StA-Hamburg-22-12-27.pdf. Aufgerufen am 28. Dezember 2022.
[102] Quelle: www.radiohamburg.de/aktuelles/hamburg/Hamburger-CDU-will-Olaf-Scholz-erneut-vor-Cum-Ex-Untersuchungsaus schuss-sehen-id805117. html. Aufgerufen am 30. Dezember 2022.
[103] Quelle: www.jungewelt.de/artikel/442903.nach-cum-ex-dea ls-bafin-macht-north-channel-bank-dicht.html. Aufgerufen am 13. Januar 2022.
[104] Quelle: www.ndr.de/nachrichten/hamburg/Olaf-Scholz-muss-erneut-vor-Cum-Ex-Ausschuss-aussagen,cumex522.html. Aufgerufen am 20. Januar 2023.
[105] Quelle: www.kress.de/news/detail/beitrag/150716-ndr-drohte-investigativ-autoren-schroem-und-hollenstein-mit-juristischen-schritten.html. Aufgerufen am 24. Januar 2023.
[106] Quelle: www.strate.net/wp-content/uploads/2023/01/ Schreiben-StA-Hamburg-23-01-13.pdf. Aufgerufen am 27. Januar 2023.
[107] Quelle: www.strate.net/wp-content/uploads/2023/01/StA-Hamburg-23-01-27.pdf. Aufgerufen am 27. Januar 2023.
[108] Quelle: www.zeit.de/news/2023-02/03/cum-ex-pua-laedt-scholz-und-38-abgeordnete-als-zeugen. Aufgerufen am 5. Februar 2023.
[109] Quelle: www.cicero.de/innenpolitik/olaf-scholz-erinnerungslucken-lisa-paus-cumex-skandal-warburg-affare. Aufgerufen am 8. Februar 2023.
[110] Quelle: www.jungewelt.de/artikel/444594.steuergeschäfte-auf-der-kippe.html. Aufgerufen am 10. Februar 2023.
[111] Quelle: www.jungewelt.de/artikel/444667.cum-ex-verteidiger-wider-willen.html. Aufgerufen am 11. Februar 2023.
[112] Quelle: www.jungewelt.de/artikel/445155.cum-ex-banker-in-karlsruhe-gescheitert.html. Aufgerufen am 18. Februar 2023.
[113] Quelle: www.jungewelt.de/artikel/446112.steuergeschäfte-der-nicht-gekaufte-professor.html. Aufgerufen am 4. März 2023.
[114] Quelle: www.ndr.de/nachrichten/hamburg/Keine-uneidliche-Falschaussage-von-Scholz-im-PUA-Cum-Ex,cumex528.html. Aufgerufen am 6. März 2023.
[115] Quelle: Erklaerung-zu-der-Pressemitteilung-der-Generalstaatsanwaltschaft.pdf (strate.net). Aufgerufen am 7. März 2023.
[116] Quelle: www.handelsblatt.com/meinung/kommentare/kommentar-die-cum-ex-aufarbeitung-ist-ein-armutszeugnis-fuer-den-rechtsstaat/29030066.html. Aufgerufen am 13. Mai 2023.
[117] Quelle: www.faz.net/aktuell/feuilleton/medien/cum-ex-af-

faere-kanzleramt-muss-auskunft-geben-18791963.html. Aufgerufen am 1. April 2023.
[118] Quelle: www.tagesschau.de/eilmeldung/union-untersuchungsausschuss-steuerskandal-warburg-bank-101.html. Aufgerufen am 4. April 2023.
[119] https://taz.de/Cum-Ex-Skandal-des-Kanzlers/!5923376/. Aufgerufen am 5. April 2023.
[120] Quelle: www.msn.com/de-de/nachrichten/politik/lügt-kanzler-scholz-—„die-indizienlage-spricht-dafür-ja"/ar-AA19DLty. Aufgerufen am 9. April 2023.
[121] Quelle: www.jungewelt.de/artikel/448703.gericht-anklage-gegen-ex-warburg-chef.html. Aufgerufen am 13. April 2023.
[122] Quelle: www.spiegel.de/politik/deutschland/olaf-scholz-und-die-cum-ex-affaere-untersuchungsausschuss-rueckt-naeher-a-a907cfee-aff8-4046-ba2e-8b8ba394c357 Aufgerufen am 13. April 2023.
[123] Quelle: www.ndr.de/nachrichten/hamburg/Cum-Ex-Ausschuss-Gleich-15-Zeugen-werden-in-Hamburg-befragt,cumex534.html. Aufgerufen am 14. April 2023.
[124] Quelle: www.ndr.de/nachrichten/hamburg/Cum-Ex-Ausschuss-in-Hamburg-Befragung-von-zwoelf-Zeugen-begonnen, cumex534.html. Aufgerufen am 14. April 2023.
[125] Quelle: www.finanzen.net/nachricht/aktien/korrektur-roundup-zeugen-scholz-widersprach-sich-bei-cum-ex-befragungen-123 55080 Aufgerufen am 14. April 2023.
[126] Quelle: www.welt.de/regionales/hamburg/article244810618/Zeugen-Scholz-widersprach-sich-bei-Cum-Ex.html. Aufgerufen am 14. April 2023.
[127] Quelle: www.ndr.de/nachrichten/hamburg/Cum-Ex-Ausschuss-in-Hamburg-Zwoelf-Zeugen-befragt,cumex534.html. Aufgerufen am 14. April 2023.
[128] Quelle: www.berliner-zeitung.de/politik-gesellschaft/dokumentation-skandal-um-warburg-bank-fabio-de-masi-ueber-cum-ex-affaere-olaf-scholz-luegt-li.337303. Aufgerufen am 15. April 2023.
[129] Quelle: https://www.jungewelt.de/artikel/448943.steuerbetrug-im-großen-stil-bergers-letzter-kampf.html. Aufgerufen am 17. April 2023.
[130] Quelle: www.msn.com/de-de/nachrichten/other/union-beantragt-u-ausschuss-zu-steueraffäre-spd-hat-rechtszweifel/ar-AA1a6ENi. Aufgerufen am 20. April 2023.
[131] Quelle: www.jungewelt.de/artikel/449779.finanzskandal-

springer-boss-im-cum-ex-sumpf.html. Aufgerufen am 27. April 2023.
[132] Quelle: www.msn.com/de-de/finanzen/top-stories/cum-ex-skandal-gutachten-steuer-untersuchungsausschuss-gegen-scholz-wohl-rechtens/ar-AA1boRlj. Aufgerufen am 11. Mai 2023.
[133] Quelle: www.welt.de/politik/deutschland/article245305840 /Olaf-Scholz-Dokument-mehrt-Zweifel-an-Glaubwuerdigkeit-in-Cum-ex-Skandal.html. Aufgerufen am 12. Mai 2023.
[134] Quelle: www.sueddeutsche.de/wirtschaft/rezession-1.5880479. Aufgerufen am 25. Mai 2023.
[135] Quelle: www.tagesspiegel.de/wirtschaft/was-experten-vom-selbstbild-des-olaf-scholz-halten-4727593.html. Aufgerufen am 10. Dezember 2020.

Die Bücher des Autors Jürgen Heidig

»Exzerpt«, Wagner Verlag 2012, ISBN 978-3-86279-475 -1, 9,80 Euro.
»Vakante deutsche Demokratie«, united p.c. Verlag 2013, ISBN 978-3-85438-169-3, 9,80 Euro.
»Kapitalherrschaft oder Demokratie«, Verlag Wiljo Heinen 2014, ISBN 978-3-95514-018-2, 9,80 Euro.

»Verteufelte Demokratie«, Verlag Wiljo Heinen 2015, ISBN 978-3-95514-022-9, 10,00 Euro.
»Irrlichter der deutschen Sozialdemokratie«, Verlag Jürgen Heidig 2016, ISBN 978-3-00-053044-9, 9,80 Euro.
»EINE AGENDA DER INDOKTRINATION«, Verlag Jürgen Heidig 2017, ISBN 978-3-00-054684 -6, 9,80 Euro.
»Antihesen. Zwei Welten Ein Leben«, Verlag Jürgen Heidig 2018, ISBN 978-3-00-058982-9, 17,50 Euro.
»Traktate zur kapitalgsteuerten deutschen Politik und Gesellschaft«, Verlag Jürgen Heidig 2019, ISBN 978-3-00-061717-1, 8,80 Euro.
»Traktate ›II‹ zur kapitalgsteuerten deutschen Politik und Gesellschaft«, Verlag Jürgen Heidig 2020, ISBN 978-3-00-064683-6, 10,80 Euro.
»Traktate ›III‹ zur kapitalgsteuerten deutschen Politik und Gesellschaft«, Verlag Jürgen Heidig 2020, ISBN 978-3-00-071471-9, 11,80 Euro.
»Das Demokratie-tötende staatliche Herrschaftsprinzip des deutschen Monopol-und Finanzkapitals …«, Verlag Jürgen Heidig 2021, ISBN 978-3-00-067 567-6, 5,80 Euro.

Informationen zu allen Büchern finden Sie auf

vakanz13blog.wordpress.com

Die Werke erhalten Sie in Ihrer Buchhandlung oder direkt beim Verlag/Autor Jürgen Heidig.
Bestellung per Mail an: autor-und-verlag-heidig@gmx.de.

Redaktionsschluss: 1. Juni 2023

Autor und Selbstverlag Jürgen Heidig
Max-Herz-Ring 24, 22159 Hamburg

Internet: **vakanz13blog.wordpress.com**,
Mail: autor-und-verlag-heidig@gmx.de

Druck, Umschlag und Weiterverarbeitung:
Prime Rate Kft., Ungarn. Printed in the EU.

Krisenherd Deutschland, –»Cum-Ex«-Steuerraub –
und Bundeskanzler Olaf Scholz +Dokumentation+
hat die **ISBN 978-3-00-074760-1**

Bibliografische Information
der Deutschen Nationalbibliothek
Die Deutsche Nationalbibliothek verzeichnet diese
Publikation in der Deutschen Nationalbibliografie;
detaillierte bibliografische Daten sind im Internet
über http://dnb.dnb.de abrufbar.